하루 5분 국민 영어과외
김영철·타일러의
진짜 미국식 영어 4

일러두기
《김영철·타일러의 진짜 미국식 영어》4권에는 SBS라디오 〈김영철의 파워FM〉'진짜 미국식 영어'에서 방송된
451~735회 중 타일러가 선정한 가장 미국적인 표현 150편을 담았습니다.

하 루 5 분 국 민 영 어 과 외

김영철 ✚ 타일러의 ④
진짜 미국식
영어

김영철, 타일러 지음

위즈덤하우스

《김영철·타일러의 진짜 미국식 영어》 오랜만에 만나지요? 4권과 5권을 준비하는 동안 제가 달라진 점이 하나 있어요. 제 영어 실력이 1~3권을 만들었을 때에 비해 늘었다는 겁니다. 많이 보고 듣고 따라 하기도 했지만, 타일러 덕분에 영어로 생각하고 표현하는 방식, 그리고 미국식 사고 방식으로 영어에 접근하기 시작한 덕분이랍니다.

여러분, 영어는 우리가 늘 쓰는 우리말인 국어와 참 많이 다르죠? 사람 사는 거야 어디든 다 똑같다고들 하지만, 문화가 서로 다르면 언어의 모양새나 특징도 서로 달라질 수밖에 없습니다. 언어도 문화의 일종이니까요. 《김영철·타일러의 진짜 미국식 영어》 4권과 5권에서는 좀 더 미국적인 문화가 강한 표현들을 골랐으니, 미국식 영어와 함께 미국 문화까지도 즐겁게 배우시길 바랍니다.

김영철

《김영철·타일러의 진짜 미국식 영어》로 오랜만에 독자분들을 만나게 되어 기쁩니다. 다들 영어 공부 즐겁게, 열심히 하고 계셨지요?

이번에는 오랜만에 뵙는 만큼 1~3권과는 다른 모습을 보여드리려고 노력했어요. 《김영철·타일러의 진짜 미국식 영어》 4권에는 그 사이 했던 방송들 중 진짜 미국의 문화를 담고 있는 표현들을 골라 담아봤어요. 이 표현들을 배우다 보면 진짜 미국인들은 어떤 식으로 생각하고 말하는지 깨닫고, 직접 말할 수 있을 거라고 생각합니다. 가끔은 너무 쉬운 표현이라 놀라고, 가끔은 또 처음 들어보는 표현이라 신기하기도 할 것 같네요.

《김영철·타일러의 진짜 미국식 영어》 시리즈의 마지막인 4권과 5권에서 진짜 미국식 영어를 한껏 느끼고 즐기시길 바랍니다.

타일러

하루 5분,
'최강 네이티브'로 거듭나는 법

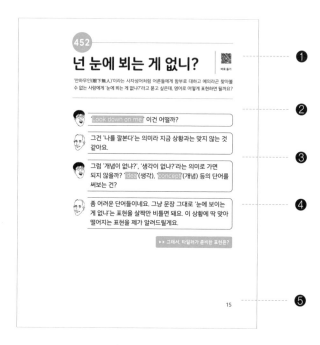

452

넌 눈에 뵈는 게 없니?

'안하무인(眼下無人)'이라는 사자성어처럼 어른들에게 함부로 대하고 예의라곤 찾아볼
수 없는 사람에게 '눈에 뵈는 게 없니?'라고 묻고 싶은데, 영어로 어떻게 표현하면 될까요?

> 'Look down on me' 이건 어떨까?

> 그건 '나를 깔본다'는 의미라 지금 상황과는 맞지 않는 것
> 같아요.

> 그럼 '개념이 없나?', '생각이 없나?'라는 의미로 가면
> 되지 않을까? 'idea'(생각), 'concept'(개념) 등의 단어를
> 써보는 건?

> 좀 어려운 단어들이네요. 그냥 문장 그대로 '눈에 보이는
> 게 없다'는 표현을 살짝만 비틀면 돼요. 이 상황에 딱 맞아
> 떨어지는 표현을 제가 알려드릴게요.

▶▶ 그래서, 타일러가 준비한 표현은?

15

❶ QR코드를 찍으면 각 회에 해당하는 방송을 바로 들을 수 있습니다!

❷ 영어로 표현해야 하는 순간 꿀 먹은 벙어리가 되고 말았던 시간들은 이제 안녕!
진짜 미국식 영어가 절실하게 필요했던 상황들만 쏙쏙 골라 담았습니다!

❸ 김영철의 다양한 영어 표현 시도들을 보면서 머릿속으로 '나라면 뭐라고 얘기할까?' 생각해보세요!

❹ 김영철이 시도한 표현들이 현지인들에게는 왜 안 통하는지
타일러가 명쾌하게 짚어줍니다!

❺ 잠깐! 페이지를 넘기기 전에 다시 한 번 머릿속으로 진짜 미국식 표현은 무엇일지 생각해보세요!

❻ 타일러가 알려주는 현지인들이 매일같이 쓰는 찰진 영어 표현! 사연 속 상황이 언제 우리에게 벌어질지 모르니 각 상황에 쓰이는 진짜 미국식 표현, 꼭 기억해두세요!

❼ 핵심 단어, 핵심 표현, 외워두면 좋겠죠?

❽ 정확한 표현보다 더 자연스러운 비유나 관용구, 미국인과의 대화에서 쓰지 말아야 할 단어, 문법에는 맞지 않지만 미국인들이 많이 쓰는 생략법, SNS에 어울리는 표현, 줄임말, 느낌이 달라지는 한 끗 차이 억양까지, 각 회마다 타일러가 전해주는 Tip만 익혀도 더 이상 원어민이 두렵지 않습니다!

❾ 15회마다 복습하기 페이지가 있으니 잊지 말고 머리에 꼭꼭 담아두세요!

※ 위즈덤하우스 홈페이지에서 MP3 파일을 무료로 다운받을 수 있습니다!
www.wisdomhouse.co.kr (다운로드>도서 자료실)

하루 5분 진짜 미국식 영어를 배우는 시간,
지금부터 시작해볼까요?

차례

(사과나무에서 사과를)
그냥 따면 돼요.

바로 듣기

사과농장에 외국인 노동자가 일을 하러 왔는데, 그냥 나뭇가지에서 사과를 따면 된다는 말을 못해서 보디랭귀지로 설명해줄 수밖에 없었어요. 영어로는 어떻게 하면 될까요?

'We move apple.' 어때?

사과를 옮긴다는 뜻의 표현이긴 하지만, 그 안에 '따다'라는 의미는 없어요. 힌트를 줄까요? 노래도 있잖아요. ♬픽미 픽미 픽미 업~

아하! 'pick'을 쓰라는 거지? "Pick apple out."

그건 사과를 골라내란 의미에요.

그럼 'Pick apple up.'

그건 떨어진 사과를 주워달라는 뜻이고요. 조금만 더 쉽게 생각해보세요.

▶▶ 그래서, 타일러가 준비한 표현은?

451

Just pick the apples.

---

* **해석**   그냥 사과를 따면 돼요.

Check!

* just - 그냥
* pick ~ - ~을/를 고르다, 따다, 선택하다

타일러 Tip

apple 대신 그 자리에 flower, banana 등의 여러 단어를
넣어 응용할 수 있어요. 그래서 'pick flowers(꽃을 꺾다)',
'pick bananas(바나나를 따다)'가 되는 거죠. 또 '태우러
가다'라는 뜻의 'pick (someone) up', '골라내다'라는 의미의
'pick (something) out'이란 표현에서 알 수 있듯 pick은
다양한 활용이 가능한 단어니까 자유롭게 표현해보세요.

14

452

넌 눈에 뵈는 게 없니?

바로 듣기

'안하무인(眼下無人)'이라는 사자성어처럼 어른들에게 함부로 대하고 예의라곤 찾아볼 수 없는 사람에게 '눈에 뵈는 게 없냐?'라고 묻고 싶은데, 영어로 어떻게 표현하면 될까요?

 'Look down on me.' 이건 어떨까?

 그건 '나를 깔본다'는 의미라 지금 상황과는 맞지 않는 것 같아요.

 그럼 '개념이 없냐?', '생각이 없냐?'라는 의미로 가면 되지 않을까? 'idea'(생각), 'concept'(개념) 등의 단어를 써보는 건?

 좀 어려운 단어들이네요. 그냥 문장 그대로 '눈에 보이는 게 없냐'는 표현을 살짝만 비틀면 돼요. 이 상황에 딱 맞아 떨어지는 표현을 제가 알려드릴게요.

▶▶ 그래서, 타일러가 준비한 표현은?

15

What, are you blind?

* **해석**   뭐라고? 넌 앞이 안 보이는 거니?

Check!

* what - 무엇, 무슨, 정말
* blind - 눈이 먼, 맹인인

타일러 Tip

정말 앞을 보지 못하는 사람에게 눈이 안 보이냐고 물을 때는
'Are you blind?'라고 하지만, 오늘 같은 상황에선 황당함을
먼저 표현해야 해요. 그래서 'what'과 'are you blind?'가
마치 다른 문장인 것처럼 'what'으로 먼저 강조하는 거죠.
눈치가 없거나 남 생각을 안 하는 사람에게 '주변 사람들이
안 보이니?', '왜 상황 파악을 못해?', '바로 눈앞에 있는데
모르겠어?'라고 찔러주는 표현이라, 새치기하는 사람을 봤을
때도 황당하다는 말투로 쓸 수 있어요.

대충대충 하지 마.

바로 듣기

아들에게 설거지를 시키고 나서 그릇을 보면 밥풀이나 고춧가루가 그대로 붙어 있어요.
대충대충 하지 말라고 한마디 하고 싶은데, 이왕 말하는 거 영어로 해주면 공부도 되지 않
을까요?

 '대충 할 바엔 안 하는 편이 더 나으니 아예 하지 마!'라는
뜻이 되려면… 'Don't do that.'이 어떨까?

 의미는 비슷할 수 있지만 '대충'이라는 표현이 들어가야
느낌이 더 살 것 같아요.

 대충 한다는 건 그림을 완성하지 않고 스케치만
그려둔다는 말도 될 것 같은데, 그럼 'Don't do that a
sketch.(스케치하지 마.)'는 어때?

 음… 멋진 표현이지만 '대충'이란 단어가 정확하게
들어가야 상대가 이해하지 않을까요? 영어에는
'대충'이라는 말이 없을 것 같지만, 오래전부터 숙어처럼
쓰고 있는 찰떡같은 표현이 있어요.

▶▶ 그래서, 타일러가 준비한 표현은?

17

453

Don't half-ass it.

＊ 해석　대충대충 하지 마세요.

Check!

* half - 절반
* ass - 당나귀

타일러 Tip

'ass'는 '멍청이'나 '바보'라는 욕으로도 쓰이지만 원래는 '당나귀'라는 뜻이에요. 당나귀는 예전부터 일 잘하는 동물로 알려져 있는데 'half-ass', 즉 절반만 당나귀라면 일하는 게 어설프고 대충대충이겠죠? 그래서 이 표현은 오래전부터 숙어가 되어 실생활에서 정말 많이 사용되고 있답니다. 'half-ass'로 꼭 함께 써야 '대충대충'이라는 뜻이 된다는 걸 기억해두세요.

- I'm just gonna half-ass this time. = 이번엔 대충대충 할 거야.
- You always did half-ass homework. = 너는 항상 숙제를 대충대충 하더라.

454

네가 여기 전세 냈니?

바로 듣기

영화관에서 관객 한 명이 신발을 벗어 발을 의자에 올리는 등 다른 이들에게 너무 무례한 태도로 영화를 보길래 '여기 전세 냈냐?'라고 묻고 싶었어요. 외국에도 이런 관객이 있을 까요? 그렇다면 영어로 어떻게 표현하는지 궁금해요.

 'Do you rent it?(네가 그걸 빌렸니?)' 이 표현 어때?

 의미 면에선 맞을 수 있어요. 하지만, '전세'처럼 집을 빌린다는 개념은 영어권에서 익숙하지 않아 이 표현을 못 알아들을 가능성이 있어요.

 그럼 'You buy it?(네가 샀니?)', 'You got it?(네가 가진 거니?)'라 해볼까?

 점점 접근 중이긴 한데, 이 상황에 딱 맞는 동사가 있어요. 뭘까요?

▶▶ 그래서, 타일러가 준비한 표현은?

19

454

Do you think you own the place?

---

* **해석**　여기가 당신 거라고 생각하나요?

* own ~ - ~을/를 소유하다
* do you think ~ ? - 당신은 ~라고 생각하나요?

타일러 Tip

'전세'라는 단어가 익숙하지 않은 외국인을 위해 '여기가 당신 집인가요?', '여기가 당신 거예요?' 정도로 바꿔서 생각해보세요. 또 오늘의 표현에서 'theater(영화관)'이라는 직접적인 단어 대신 'the place(그 장소, 여기)'를 쓴 건 대화의 맥락상 '여기'가 곧 '영화관'을 지칭하기 때문이란 점도 기억해두세요.

455

그 앤 그때도 딱 저랬어.

바로 듣기

영철님이 오래전에 아르바이트했던 패스트푸드점의 점장님이 TV에 나온 영철님을 보며 '옛날에도 딱 저랬다.'라고 하시더라고요. 왠지 영철님에게 어울리는 이 표현을 영어로는 어떻게 하는지 궁금해요.

 데뷔 전에도 웃기고 과했는데, 나한테 어울리는 표현 같다니 잘해보고 싶네? 'He used to do play just like that.(그는 원래 그렇게 놀았다.)'

 'used to do ~'를 쓰면, 지금은 그렇지 않고 예전에 그랬다는 느낌이 강해요.

 'He did it like that.(그는 원래 그렇게 했다.)'는 어때?

 오늘 표현에서 제일 중요한 건 '예전이나 지금이나 변함이 없다', '지금 상태와 똑같다'는 뜻을 좀 더 강조하는 거예요.

 그럼, 'He's the same.(그는 똑같아요.)'?

 'same'이란 단어를 쓴 건 좋았어요. 그게 훨씬 더 영어식인 표현이거든요.

▶▶ 그래서, 타일러가 준비한 표현은?

21

He hasn't changed a bit.

* **해석**   그는 조금도 변한 게 없어요.

Check!

* changed – 많이 바뀐, 변화된
* a bit – 굉장히 작은 조각, 조금, 살짝

타일러 Tip

오늘의 표현에선 한국인들이 이야기하는 '과거분사'가
활용되었어요. 사실 저는 '과거분사'라는 단어에 익숙하지
않지만, 대신 이렇게 설명해드릴 순 있겠네요. 예전과 비교했을
때 변한 게 없다는 건 여전하다는 뜻, 즉 과거부터 지금까지
변한 게 없다는 의미니 'change'를 과거형으로 써줘야 하는
거라고요.

456

궁상 좀 떨지 마.

바로 듣기

남편은 저희 아들이 고등학교 때 입던 체육복을 아직도 입어요. 절약한다고 볼 수도 있지만 가끔은 궁상맞아 보일 때도 있는데, 영어에도 궁상 떨지 말라는 표현이 있을까요?

영어엔 '궁상'이라는 표현이 없을 것 같으니 한심하다는 뜻으로 'pathetic'을 써보는 건 어떨까? 'You're so pathetic.(넌 너무 한심해.)'

대놓고 한심하다고 말하는 건 심하게 놀리는 것 같아요. 미국인이 듣기에 정말 웃긴 표현이죠.

'You don't need to saving money.(넌 돈을 모을 필요가 없어.)'

맞아요. 'saving money'가 훨씬 더 '궁상'이란 단어에 어울려요.

'Don't be a miser.(구두쇠는 되지 마.)'

영어권에선 'miser'보다 'penny pincher', 'scrooge' 같은 단어를 좀 더 사용해요.

▶▶ 그래서, 타일러가 준비한 표현은?

23

456

Don't be so stingy.

---

* **해석**　　너무 인색하게 굴지 마세요.

Check!

* stingy - 인색한, 박한, 구두쇠 같은

타일러
Tip

'miser'는 '구두쇠'라는 뜻의 명사인데, 궁상맞다는 걸
표현할 땐 이 단어보다 'stingy' 같은, 그러니까 행동을
묘사하는 단어를 많이 사용해요. 대놓고 지적하기보단
궁상맞은 모습이나 행동을 설명하는 상황에 훨씬 더 어울리는
표현이랍니다.

중요한 부분은 접어놔주세요.

바로 듣기

외국인 동료와 함께 보고서를 준비 중인데, 동료가 저보다 먼저 자료를 살펴보기로 했어요. 그래서 보다가 중요하다 싶은 부분은 좀 접어놔달라는 말을 하고 싶더라고요. 그렇게 하면 다음 사람이 편해지니까요. 이런 건 영어로 어떻게 말하죠?

 ‘You have to mark it. (표시를 해주셔야 해요.)’

 ‘mark(표, 흔적)’를 하는 방법에도 여러 가지가 있잖아요. 형광펜을 칠하거나 종이를 붙여두는 것처럼요. 여기에선 중요한 부분을 접어놔달라고 했죠? 정답에 대한 힌트를 드리자면, ‘dog’가 들어가는 표현이에요.

 페이지 귀퉁이를 접으면 삼각형 모양이 되는데 ‘dog’가 왜 들어가는지 모르겠어. ‘You have to dog point.’라고 하면 되려나?

 하하! 새로운 단어를 창조하셨네요. 오늘의 표현은 ‘dog-ear’라는 단어만 알면 간단히 해결할 수 있어요.

▶▶ 그래서, 타일러가 준비한 표현은?

25

457

Dog-ear the important pages.

* **해석**   중요한 페이지는 모서리를 접어놔주세요.

Check!

* dog-ear – 책장 모서리의 접힌 부분, 책장 모서리를 접다
* important – 중요한
* page – 페이지, 쪽

타일러
Tip

상상해보세요. 강아지가 귀를 접은 모습과 책 페이지의
모서리를 접어놓은 모양이 서로 닮지 않았나요? 그래서
'종이 모서리가 접힌 부분'을 'dog-ear'라 해요. 명사지만
오늘의 표현에서처럼 동사로 사용하기도 하고요. 간혹 귀엽게
나타내기 위해 'doggy-ear'라고도 하는데, 정확한 표현은
'dog-ear'랍니다.

우선순위를 확실히 해야 해.

바로 듣기

제 외국인 친구는 항상 약속 날짜에 임박해서 다른 날로 바꾸자고 해요. 시간 다 빼놨는데 말이에요. 아무리 친해도 예의는 지켜야 하니 우선순위를 지키라고 한마디 해주고 싶은데, 어떻게 할까요?

 '우선순위'라는 단어를 알고 있어. 'priority', 이걸 쓰면 되지 않을까?

 맞아요. 제대로 짚었어요. 그럼 그 단어를 써서 문장을 한번 완성해보세요.

 'Just think of priority. (우선순위를 생각해봐.)'

 굉장히 근접했어요. 근데 우선순위라는 건 하나가 아닌 여러 가지 일 중에서 한 가지를 골라야 하는 거겠죠? 그러니까 복수형을 써야 해요.

▶▶ 그래서, 타일러가 준비한 표현은?

27

Get your priorities straight.

* **해석**   우선순위를 분명히 하세요.

* get ~ - ~을/를 가지다, ~에 이르다
* priority - 우선적으로 해야 하는 일, 우선순위
* straight - 제대로, 똑바로

타일러 Tip

우선시해야 하는 일이 하나뿐이라면 굳이 순위를 정할 필요도 없겠죠? 즉, 우선순위는 두 개 이상의 여러 일 중에서 정하는 것이기 때문에 'priority'는 복수형으로 써야 해요.

오늘의 표현에서 또 중요한 건 'get'이에요. 'Do you get it?'이라고 하면 '이해했니?', 'Get it straight.'라고 하면 '제대로 이해해라.(오해하지 마라.)'의 의미니까 적절히 응용해보세요.

(고기가) 타기 전에
뒤집어주세요.

바로 듣기

저는 고기를 잘 구워서 회식 때 굽기 담당인데, 외국인 직원이 자기도 해보고 싶다고 하더라고요. 그래서 교육을 시키고는 있는데, 고기가 타기 전에 뒤집어야 한다고 말하는 걸 매번 까먹네요. 뭐라고 알려줘야 할까요?

 '뒤집다'는 표현을 모르겠어. 쉽게 풀어서 'Hey, changed meat.'이라 하면 되지 않을까?

 그 표현은 '거기에 놓여 있는 고기 덩어리를 다른 걸로 바꾸세요.', '새로운 고기를 구워주세요.'란 의미예요. 완전히 다르죠?

 음… 'burn(타다)'을 써서 'Changed burn.(타는 걸 바꿔.)'라 하면 어때?

 'burn'을 생각한 건 정말 좋았어요. 근데 오늘 표현에서 중요한 건 '뒤집다'겠죠? 고기를 뒤집어야 하니까요. 그에 해당하는 단어를 잘 생각해보세요.

▶▶ 그래서, 타일러가 준비한 표현은?

459

Flip it before it burns.

* 해석   그것이 타기 전에 뒤집으세요.

Check!

* flip ~ - ~을/를 뒤집다
* before ~ - ~하기 전에
* burn - 타다

타일러 Tip

'flip'이란 단어는 피겨 스케이팅에서도 들어봤을 텐데, 팬케이크를 뒤집거나('flip the pancake over'), 달걀 프라이를 뒤집을 때에도 사용해요. 개구리가 몸을 뒤집는 것도 'flip'이라고 하고요.

아, 휴대폰 중에서도 플립폰이라 불리는 형태가 있죠? 테이블 위에서 폰을 열면 앞면이 테이블에 닿으니 완전히 뒤집힌 모양새와 같아지잖아요? 그래서 'flip phone'이라는 이름이 붙은 거랍니다.

저도 거기로 가는 길이에요.

바로 듣기

저희 동네엔 게스트하우스가 있어서 외국인 관광객이 많이 오는데, 지하철역에 어떻게 가는지 물어볼 때가 많아요. 그때마다 저도 그쪽으로 가는 길이라고 정확히 말해주고 싶어요.

 청취자 분은 'Follow me. Let's go!' 이렇게 주로 썼다고 하는데, 이것도 틀린 표현은 아니지?

 맞아요. 같이 가자는 제스처와 함께 말했다면 충분히 의미가 통했을 거예요. 그럼 정확한 표현은 뭘까요?

 나는 알 것 같아. 'I'm on my way!'(나 가는 중이야!)'

 아주 좋아요! 문장 맨 뒤에 딱 한 단어만 추가하면 완벽해질 거예요.

 한 단어? 'I'm on my way now.(지금 가는 중이야.)'

 '거기'! 그러니까 지하철역으로 가는 중이라는 표현이 들어가야 하지 않을까요?

▶▶ 그래서, 타일러가 준비한 표현은?

31

I'm on my way there.

---

* **해석**   나도 거기로 가는 중이에요.

Check!

* on my way ~ - ~로/에 가는 길
* there - 거기

타일러 Tip

오늘의 표현을 좀 더 자연스럽게 말해보고 싶다면 문장 앞에 'oh!' 같은 감탄사나 'actually(사실은)' 같은 부사를 붙여 말해보세요. 'Oh! I'm on my way there.'처럼요. 이렇게 하면 느낌이 더 살아난다는 걸 알 수 있을 거예요. 'on my way'는 간단히 'OMW'로 줄여 쓰기도 해요. 또 다음처럼 다양한 응용이 가능하니 상황에 맞게 적절히 표현해보세요.

- I'm on my way home. = 집에 가는 중이에요.
- I'm on my way to a party = 파티에 가는 길이에요.
- I'm on my way to you = 너에게 가는 중이야.

기온이 영하로 내려갔어요.

바로 듣기

일기예보를 보니 기온이 영하로 내려갔다는 뉴스가 많더라고요. 이 표현을 영어로 바꿔보고 싶은데, 도와주세요!

 청취자 분은 'minus(-)'를 쓰면 되지 않겠냐고 했는데, 나도 같은 생각이야. 'Temperature is minus degree.(온도가 마이너스야.)'

 어려운 단어가 많네요. temperature는 '온도', degree는 '정도', '등급'의 뜻이죠. 근데 제가 항상 말하듯, 미국식 영어에선 어려운 단어를 쓰지 않아도 돼요.

 그럼 'minus'를 쓰는지 안 쓰는지만 먼저 알려줘!

 정확히 지금 몇 도인지 아는 상황이라면 써도 되지만 그렇지 않을 땐 쓰지 않아요.

 'Temperature gone down.(온도가 내려갔다).'

 온도가 내려간 건 맞지만 그 문장엔 '영하'라는 의미가 없네요. '영하'를 직역해보세요.

▶▶ 그래서, 타일러가 준비한 표현은?

It's below zero.

* **해석**　영하로 내려갔어요.

* below ~ - ~보다 아래/밑에, ~의 아래쪽에
* zero - 0

타일러
Tip

오늘의 표현을 직역하면 '0도 아래에요.'인데, 이 말이 곧
'영하'라는 의미에요. 반대로 '영상'은 'above ~(~보다
위에)'를 써서 'It's above zero.'라고 하면 되겠죠? 근데
정확한 온도를 말하고 싶을 땐 'minus'를 쓰면 돼요. 가령
'영하 3도에요.'는 'It's minus three.'라고 하는 거죠. 물론
오늘의 표현을 응용해 'It's three below zero.', 'It's three
below.'라고 해도 되고요.
아, 그런데 영상의 온도인 경우엔 'above' 없이 숫자만 말해도
상관없어요. 왜냐면 우리가 기본적으로 말하는 기온이 대개
영상이니까요.

사춘기가 벼슬이니?

바로 듣기

중학교 2학년 아들이 요즘 사춘기인데, 지켜보는 식구들도 너무 힘들네요. 사춘기가 벼슬이냐고 한마디 하고 싶지만 그럼 또 싸울 것 같고…. 영어로라도 말해야 제 스트레스가 풀릴 것 같아요!

'사춘기'라는 단어가 'puberty'니까 음… 'Hey, puberty is royalty?'(사춘기가 왕족이니?)'라고 해볼까?

오~ 라임을 약간 맞췄네요. 'puberty'와 'royalty'로요! 근데 정확한 표현은 아니에요.

그럼 'What are you doing in your puberty?(너의 사춘기는 뭘 하고 있는 거야?)' 같은 느낌은 어떨까?

그것보단 생각을 좀 바꿔볼게요. 조금 어려울 수 있는데, 오늘의 표현에서 중요한 건 약간 비꼬면서 말해야 한다는 거예요.

▶▶ 그래서, 타일러가 준비한 표현은?

462

Someone's going through puberty.

* **해석**   누군가 사춘기를 겪고 있는 거 같네.

Check!

* someone – 누군가
* go through ~ – ~을/를 겪다, 통과하다, 경험하다
* puberty – 사춘기

타일러 Tip

'사르카즘(sarcasm)'이라는 단어를 아시나요? 조롱이나
풍자를 뜻하는 말인데, 오늘의 표현 역시 이런 걸 섞어
비꼬면서 말하는 게 어울려요. '너 지금 사춘기인 거 우리도
다 신경 쓰고 있어. 사춘기를 핑계로 너무 막 행동하는
거 아냐?'란 의미까지 모두 담겨 있거든요. 이런 느낌을
잘 전달하려면 무엇보다 억양과 악센트가 중요하니,
최대한 목소리를 깔고서 'Someone's going through
puberty.'라고 말해보세요. 그동안 진미영과 함께 공부해온
표현들 중 이처럼 억양이 중요한 것들이 많았죠? 이번 기회에
꼭 다시 한 번 찾아서 복습해보시면 좋겠네요.

오늘 아침에 동장군이 찾아왔어요.

바로 듣기

추위를 많이 타는 체질이라 주변에선 동장군과 친구냐고 놀려요. 근데 동장군 캐릭터가 외국에도 있나요? 가르쳐주시는 김에 '동장군이 찾아왔다'라는 표현도 알려주세요.

 날이 진짜 진짜 추우면 '동장군이 찾아왔다.'라고 하지. '동장군'은 '겨울장군'이라고도 할 수 있으니까 'Winter general has come.(겨울장군이 왔어.)'

 직역해서 표현하면 그게 맞겠지만 외국인들은 못 알아들을 거예요. 해외엔 그런 장군이 없으니까요.

 오늘의 표현은 우리나라의 문화나 전설을 알아야 이해할 수 있는 거라 좀 어렵네. 대신 〈겨울왕국〉의 엘사를 활용해볼까? 엘사는 화가 나면 모든 걸 꽁꽁 얼려버리니 'I think Elsa's mad.(내 생각에 엘사가 화난 것 같아).'

 오, 요즘 문화권에선 통할 수도 있겠는데, 그보단 동장군과 비슷한 전통적인 표현을 알려드릴게요.

▶▶ 그래서, 타일러가 준비한 표현은?

37

Jack Frost came this morning.

* 해석 오늘 아침엔 '잭 프로스트'가 찾아왔어요.

* Jack Frost – 잭 프로스트(잉글랜드의 전설 속 인물.
고드름이 달린 새하얀 옷을 입었고, 잭 프로스트가 만진
곳에는 하얀 서리가 생긴다는 이야기가 전해 내려옴.)

타일러
Tip

'Jack'은 남자아이의 이름, 'frost'는 서리니까 '잭 프로스트'는
'잭이라는 이름을 가진 서리의 요정'이라고 설명할 수 있어요.
아마 한국의 동장군과 가장 비슷한 전설 속 인물이 아닐까
싶네요.
동장군을 '잭 프로스트' 대신 'Old Man Winter'라 표현할
때도 있어요. 하지만 'Old Man Winter's here.'라고 하면
'겨울이 왔어요.' 정도의 의미이기 때문에 오늘의 표현과는
조금 느낌이 다르죠. 참고만 하세요.^^

꿍꿍이가 있는 듯한데….

바로 듣기

남편이 요즘 알아서 집안일을 하는 게 영 수상해요. 아무래도 밤낚시를 가려고 그러는 것 같거든요. 남편은 아니라고 잡아떼지만 분명 꿍꿍이가 있겠죠? 혹시 영어에도 '꿍꿍이'라는 표현이 있을까요?

이건 미국 드라마에서 많이 보는 표현이야. 생선이 오래되면 비린내가 나잖아. 뭔가 냄새가 날 때 이렇게 말하더라고. 'Something fish!'

맞아요. 'fish'를 활용하기도 하죠. 정확하게는 'Something smells fishy.', 'Something fishy about it.'으로 쓰는데, 사실 오늘 상황과는 잘 안맞아요. 남편이 꾀를 부리고 있고, 그 이유도 대충 짐작이 가는 상황이잖아요?

그럼 수상하고 의심스럽다는 뜻의 'suspicious'를 써보면 어떨까? 'Something suspicious.(뭔가 의심스러워).'

의미들은 다 비슷한데 정확한 표현이 아니에요. 하지만 'something'은 매우 잘 생각해내셨어요.

▶▶ 그래서, 디일리가 준비한 표현은?

You're up to something.

---

* **해석**　　너 뭔가를 준비 중인 것 같은데….

Check!

* be up to ~ - ~을/를 하려 하고 있다
* something - 무언가

타일러 Tip

앞에서 말한 'fishy'가 들어간 표현을 쓰려면, 수상한 꿍꿍이가 부정적인 내용의 것이어야 해요. 나에게 안 좋은 영향을 끼치거나, 나를 아프게 하거나 혹은 범죄에 이용하려 한다는 등의 것들 말이죠. 예를 들어 상사가 나한테 내일 출근하지 말라고 하면 '나 잘리는 건가? 수상한데?' 싶어지잖아요. 이렇게 나한테 안 좋은 상황으로 돌아가는 것 같을 때 'Something smells fishy.'라고 하면 돼요.

465

(단골이라) 서비스로
드리는 거예요.

바로 듣기

저는 편의점을 운영 중이에요. 얼마 전엔 단골인 외국인 손님에게 호빵 하나를 서비스로 드렸는데, 단골이라 주는 거라는 영어 표현을 몰라서 '원 플러스 원'이라고만 했네요. 정확한 표현으로 생색 좀 내고 싶어요!

간단하게 'This is service.(이건 서비스예요.)'라고 하면 되지 않을까?

'서비스'가 영어이긴 하지만 이런 상황에서 쓰는 건 콩글리시예요.

아! 영어 학원에서 배웠던 정확한 표현이 생각났어. 'It's on the house because you're a regular.(당신은 단골이라 서비스로 주는 거예요.)'

단골을 'regular'라고 표현한 게 아주 좋네요! 다만 철업디의 표현은 늘 길고 이유가 좀 많으니 좀 더 간결히 말해보면 좋겠어요.^^

▶▶ 그래서, 타일러가 준비한 표현은?

It's on the house.

* **해석**   무료로 제공되는 거예요.

* on the house - (가게에서) 무료로 제공되는

'on the house'는 가게나 식당에서만 쓸 수 있는 표현이에요. 참고로 '내가 쏠게.'라 하고 싶을 땐 'It's on me.'라고 말하면 되고요.

오늘의 표현에 굳이 'because ~'라고 이유를 붙이지 않아도 되는 건 내가 주인이라서예요. 주인이 주기로 한 거니 두 번, 세 번 말할 필요가 없죠. 오히려 이유를 붙이면 상대는 '다음에 또 오라고 이러는 건가?' 하며 부담스러워할 거예요.

- (사과나무에서 사과를) 그냥 따면 돼요.

- 넌 눈에 뵈는 게 없니?

- 대충대충 하지 마.

- 네가 여기 전세 냈니?

- 그 앤 그때도 딱 저랬어.

- 궁상 좀 떨지 마.

- 중요한 부분은 접어놔주세요.

- 우선순위를 확실히 해야 해.

- (고기가) 타기 전에 뒤집어주세요.

- 저도 거기로 가는 길이에요.

- 기온이 영하로 내려갔어요.

- 사춘기가 벼슬이니?

- 오늘 아침에 동장군이 찾아왔어요.

- 꿍꿍이가 있는 듯한데….

- (단골이라) 서비스로 드리는 거예요.

- Just pick the apples.

- What, are you blind?

- Don't half-ass it.

- Do you think you own the place?

- He hasn't changed a bit.

- Don't be so stingy.

- Dog-ear the important pages.

- Get your priorities straight.

- Flip it before it burns.

- I'm on my way there.

- It's below zero.

- Someone's going through puberty.

- Jack Frost came this morning.

- You're up to something.

- It's on the house.

너 부스스해 보여.

바로 듣기

숙취로 힘들어하던 중 뭐라도 먹고 싶어 슈퍼에 갔다가 엄마와 딱 마주쳤어요. 근데 엄마가 절 모른 척하시더라고요. 나중에 말씀하시길 제가 너무 부스스해 보여서 피하셨다는데, '부스스하다'는 의미의 영어 표현이 있을까요?

'You look terrible.(꼴이 말이 아니네.)'

표현은 좋지만, 부스스해 보이는 게 소름 끼치거나 무서운 건 아니잖아요? 다른 단어를 찾아보세요.

부스스하다는 건 안 예쁘다는 거니까, 그럼 'You look ugly.(너 못생겨 보여.)'

안 예쁜 게 아니라 꾸미지 않았고 꾀죄죄한 거잖아요. 그런 단어는 없을까요?

'You look messy.(너 지저분해 보여.)' 그게 아니면 음… 'You look 호날두'? 크크, 농담이야.

하하! 메시와 호날두라니. 근데 'messy(지저분하다)'를 생각해낸 건 아주 좋았어요.

▶▶ 그래서, 타일러가 준비한 표현은?

45

You look like a slob.

* **해석**   너 부스스해 보여.

* look like ~ – ~처럼 보이다
* slob – 지저분한 사람, 굼벵이

'You look + 형용사'로 다양하게 표현할 수 있어요.
마찬가지로 'You look like a + 명사'를 활용해서도 여러
표현이 가능하고요. 한번 응용해볼까요?
- You look like a chef. = 너 요리사처럼 보여.
- You look familiar. = 너 낯이 익어.(familiar – 잘 알려진,
  낯익은, 익숙한)

고마워서 어쩌죠?

바로 듣기

마트에서 카드를 흘린 줄도 몰랐는데 지나가던 외국인이 주워서 건네줬어요. 너무 고마워 호두과자를 한 봉지 안겨주면서 '땡큐'라고 했는데, 그것보다 좀 더 정이 넘치는 감사함의 표현은 없을까요?

 청취자 분이 호두과자 한 봉지를 안겨준 것처럼, 누군가에게 고마우면 보답하고 싶잖아. 그러니 'I want to you reward (나는 너한테 보상해주고 싶어.)'라 하면 어때?

 고마움을 표현할 땐 'reward(보상, 보수)'라는 단어가 적절하지 않아요. 상대가 대가를 바라고 일부러 그 일을 했다는 느낌을 주거든요.

 그럼 'Thank you, thank you, oh thank you!' 하고 수백 번을 말하는 건?

 물론 그렇게 해도 좋지만 수백 번이라니…. 상대가 너무 질리지 않을까요?^^

▶▶ 그래서, 디일리기 준비한 표현은?

47

467

How can I thank you?

* **해석**   고마워서 어쩌죠?

Check!

* how can I ~? - 어떻게 내가 ~할 수 있을까요?
* thank - 감사하다, 고마워하다

타일러 Tip

오늘의 표현을 'How can I thank?'나 'How can I thank you very much?'로 바꿔 쓰면 매우 어색해져요. 정확히 'How can I thank you?'로 쓰는 게 중요하다는 걸 기억하세요.

또 누군가로부터 이런 식의 고맙다는 인사를 받는다면 'You don't need to thank me.(고마워할 필요 없어요.)' 정도로, 즉 도와주는 것만으로도 매우 만족한다는 마음을 표현하는 게 좋답니다.

468

여기 없으면 없는 거예요.

바로 듣기

저는 옷가게에서 일하는데, 가끔 외국인 손님이 다른 색깔이나 사이즈는 없는지 물어볼 때가 있어요. 매장 안에 없으면 없는 건데, 그 표현을 몰라서 그냥 '솔드아웃'이라고 했네요. 정확한 표현은 뭘까요?

 최대한 공손하게 'Sorry, not here.(미안한데, 여긴 없어요.)' 하면 어때?

 나쁘지 않네요. 'sorry'로 시작한 건 매우 좋았어요.

 'Sorry, you should another store.(미안한데, 다른 가게에 가보셔야 할 것 같아요.)'

 그렇게 말하면 사장님께 잘리지 않을까요? 다른 매장을 추천하는 거니까요.^^

 그런가? 그럼… 'Sorry, not here nothing.(여기엔 아무것도 없어요.)'

 '그럼 어디에 있다는 거죠?' 같은 질문이 손님한테서 나올 거 같네요.^^

▶▶ 그래서, 타일러가 준비한 표현은?

49

468

If you can't find it, we're all out.

＊ 해석　　만약 당신이 그걸 찾을 수 없다면, 다 팔린 거예요.

Check!

* if you can't find it - 여기서 찾을 수 없다면
* we're all out - 다 팔렸다, 품절이다

타일러 Tip

영어권에서는 상황을 명확히 표현해줘야 할 때가 있어요. 그냥 그 상품이 없다고 말하기보단, 원래 우리가 파는 상품이지만 지금은 다 팔리고 없다는 식으로 설명하는 거죠. 철업디가 말한 '다른 매장에 가보세요.' 혹은 '여긴 아무것도 없어요.' 같은 표현은 그런 면에서 상대를 오해하게 만들 수 있으니, 문장이 좀 길어지더라도 상세히 설명해주는 게 중요해요. 오늘의 표현에서 'all out' 대신 'sold out'을 써도 의미는 통해요. 'If you can't find it, we're sold out.' 등과 같이 말이죠.

50

입이 열 개라도
할 말이 없네요.

바로 듣기

외국인 친구와 만나기로 약속을 잡았는데 전화벨 소리도 못 듣고 잠들어버렸어요. 입이 열 개라도 할 말이 없다고 사과하고 싶은데, '쏘리'보다 더 미안한 느낌을 전달하려면 어떻게 말해야 할까요?

 입이 열 개라도 할 말이 없다는 건 너무너무 미안하다는 거잖아. '입이 열 개'라고 해서 설마 'ten mouth'를 쓰는 건 아니겠지?

 네! 아니에요.^^ 영어식으로 생각해보세요.

 정말 미안해서 할 말이 없는 상황이니까, 'I'm speechless.(난 말문이 막혔어.)'라 하면 어떨까?

 그건 사과해야 할 사람이 쓰기엔 좀 어색해요. 충격을 받아서 말문이 막히거나, 아주 놀라거나, 정말 큰 감사를 표할 때 쓰는 말이거든요.

▶▶ 그래서, 타일러가 준비한 표현은?

51

469

I'm so sorry.

*** 해석**   정말 미안해요.

* so - 너무, 정말
* sorry - 미안하다, 유감이다

타일러
Tip

오늘의 표현을 보고 김새버린 분들이 많을 텐데, 이건 한국과
미국의 문화 차이에서 비롯된 거라고 할 수 있어요. 한국
사람들은 아주 미안할 때 상대에게 다양한 이유를 말하거나
다음엔 어떻게 하겠다는 생각을 먼저 표현하기도 하는데,
그보다는 우선 무조건 미안하다는 말부터 해야겠죠. 말이
길어지면 그건 자신을 상대보다 더 중요시하는 느낌이 들어요.
그래서 미국인들의 입장에선 그 사람이 별로 미안해하지
않는다는 느낌을 받는 거죠.
이렇듯 영어 문화권에선 미안해하는지, 아니면 그렇지
않은지의 '흑백논리'가 명확한 게 좋아요. 그러니 사과를 해야
할 땐 무조건 사과부터 하고, 간결하게 포인트부터 말해야
한다는 점을 잊지 마세요.

470

본전은 뽑아야지!

바로 듣기

자유이용권을 구입해서 놀이공원에 갔어요. 저는 체력적으로 너무 힘들어 쉬고 싶었지만 친구들은 본전을 뽑아야 한다며 계속 부추기더라고요. 혹시 영어에도 '본전을 뽑는다'에 해당하는 표현이 있을까요?

 놀이공원이나 뷔페에 가면 흔히들 본전 뽑으라고 하잖아. 근데 '본전'이란 단어가 너무 어려워. 사전을 찾아보니 '원금'이라는 뜻의 'principal'이라는 단어가 있네?

 제가 늘 말하는 게 있죠? 한국식으로 말하려 하지 말고 영어식 표현을 고민해보세요.

 좋아. 'All you have to just enjoy.(넌 그냥 즐기기만 하면 돼.)' 이건 어때?

 그 말엔 본전을 뽑는다는 의미가 전혀 없어요. 돈을 내서 표를 샀으니 그만큼을 거둬들여야죠.

 그럼 'You pay, you enjoy!(돈을 내고, 즐기면 돼요!)'

 오호~ 나쁘지는 않은데, 표현이 좀 웃기네요.^^

▶▶ 그래서, 타일러가 준비한 표현은?

53

You gotta get your money's worth.

---

* **해석**　　네 돈의 가치를 네가 챙겨야 해.

Check!

* you gotta get ~ - 당신은 ~을/를 얻어야 한다
* your money's - 당신(의) 돈의
* worth - 가치

타일러
Tip

만약 뷔페식당에 가서 본전을 뽑아야 한다는 말을 하고 싶을
때 'get'의 자리에 'eat'을 넣어도 돼요. 'You gotta eat your
money's worth.(네 돈의 가치를 네가 먹어야 해.)'처럼요.
마찬가지로, 물건을 샀으니 본전 뽑을 만큼 써야 한다고
말해야 할 때는 'get'의 자리에 'use'나 'take'를 쓰면 되니
응용해보세요.

(정색하며) 넌 이게 재밌니?

바로 듣기

외국인 친구가 자꾸 제 흉내를 내거나 저를 놀리곤 하는데 가끔 기분 나쁠 때가 있어요. 그래서 정색하며 'Are you funny?' 했더니 'Yes!'래요. 제 말뜻은 그게 아닌데… 어떻게 표현해야 하죠?

 억양에 중점을 둔, 비꼬는 표현을 진미영에서 종종 배웠잖아. 그러니 이것도 매우 심각한 말투로 'Hey, you funny?(이봐, 재미있어?)'라고 하면 되지 않을까?

 이건 어쩌면 한국과 미국의 문화 차이라고 할 수 있는데, 'Are you funny?'나 'Hey, you funny?'라고 하면 상대가 웃을 수밖에 없어요.

 심각한 억양으로 해도 그렇다는 거야? 그럼 'I'm serious. You funny?(나 진지해. 넌 웃겨?)'라고 하는 건?

 'funny'가 한국에선 '재밌다', '우습다'의 의미로 넓게 쓰이지만, 미국에선 어떤 일이나 사람의 행동이 웃길 때 써요. 그래서 'You funny.'라고 하면 오늘의 상황과도 맞지 않고, 사람이 아닌 그 상황이 웃긴다는 뜻이 되죠.

▶▶ 그래서, 타일러가 준비한 표현은?

You think that's funny?

* **해석**   넌 그게 재밌다고 생각하니?

* you think – 당신은 생각한다
* that's funny – 그것이 재미있다

타일러
Tip

나는 정색하고 이야기한 건데 정작 상대가 못 알아차리면 더 난감해질 수 있겠죠? 오늘의 표현으로는 나의 언짢음을 잘 드러낼 수 있어요. 하지만 그렇게 해도 상대방이 'Yes! It's funny.'라고 해맑게 대답한다면 그땐 'It's not funny!(그건 웃기는 게 아니야!)'라고 한 번 더 말해보세요. 그럼 상대는 상황의 심각성을 느끼고서 더 이상 장난치지 말아야겠다고 생각할 거예요.

말이 씨가 되니 조심하세요.

바로 듣기

흰옷을 입었는데 김치 국물 튈 것 같다고 말하면 꼭 그렇게 되고, 사다리타기 게임을 할 때 어쩐지 질 것 같다고 말하면 꼭 져요. 이럴 때 한국 사람들은 '말이 씨가 되니 조심해.'라고 하는데, 영어에도 이런 표현이 있을까요?

 말한 대로 결과가 나오는 거니까, 뿌린 만큼 거둔다는 의미가 되지 않을까? 'You reap what's sow.(무엇을 뿌리면 거둔다.)'

 'reap'는 '수확하다', 'sow'는 '씨를 뿌리다'니 영어학원에서 숙어처럼 잘 배운 표현이네요. 하지만 오늘 익혀야 할 표현은 뿌린 만큼 거두는 게 아니라 무심코 한 말이 실제로 일어날 거란 뜻이어야 하는 거잖아요?

 'What comes run, goes run.(무슨 일이 일어나면, 꼭 일어난다.)'는 어때? 말이 되는진 잘 모르겠지만….

 오늘의 표현은 행동한 대로 받는다는 '인과응보'의 뜻이 아니에요. 그냥 무심코 내뱉은 말이 그대로 이뤄질지 모르니 조심하라고 말해주면 돼요.

▶▶ **그래서, 타일러가 준비한 표현은?**

57

472

Be careful what you say. It might come true.

＊ 해석　　말조심하세요. 현실이 될지도 모르니까요.

Check!

* be careful – 조심하다
* what you say – 당신이 말하는 것을
* it might ~ – ~일지 모른다, ~일 수도 있다
* come true – 이뤄지다, 현실이 되다

타일러 Tip

'what you say'의 자리에 'what you mouth'를 쓰면 어떨지 궁금하실 수 있겠네요. 하지만 'what you mouth'는 소리는 내지 않고 입만 움직이며 말하는 흉내를 낸다는 뜻이라 의미가 완전히 다르니 주의해야 해요. 그리고 'come true'는 <Dreams Come True>라는 노래 덕에 많이 알려져 있는데, 다음처럼 다양하게 응용할 수 있어요.

- The plan came true. = 그 계획은 실현되었어.
- Make my wish come true. = 내 소원을 이뤄주세요.

출근하기가 너무 싫어요.

바로 듣기

타일러가 항상 말하는 게 있죠. '영어는 완벽하지 않아도 좋으니 입 밖으로 먼저 내뱉어보는 게 중요하다!' 제가 지금 제일 하고 싶은 말은 '출근하기 싫어.'인데, 일단 영어로 내뱉어보려 해도 시도하는 것 자체가 힘드네요. 도와주세요!

 내가 공부했던 표현이 있으니 한번 해볼게. 'I'm sick and tired of going to work.(난 일하러 가는 게 지긋지긋해.)'

 나쁘진 않아요. 하지만 'I'm sick and tired of ~'는 뭔가가 진절머리 나게 짜증나고 더 이상 참을 수 없는, 폭발 직전의 상황이에요. 출근이 그 정도까진 아니지 않나요?^^

 그럼 단순하게 '싫다'라는 뜻의 'hate'로 가볼게. 'I hate going for work.'

 아주 좋아요. 근데 전치사 'for'보다는 'to'가 더 어울리겠죠? 그것만 바꿔서 'I hate going to work.'라고 하면 완벽한 표현이에요.

▶▶ 그래서, 타일러가 준비한 표현은?

473

I don't want to go to work.

---

* **해석**　난 일하러 가고 싶지 않아요.

Check!

* I don't want to ~ - 나는 ~하고 싶지 않다
* go to work - 일하러 가다

타일러 Tip

철업디의 표현과 제 표현의 차이점을 짚어드릴게요. 철업디가 말한 'I hate going to work.'는 '일하러 가는 게 싫어요.', '출근하기 싫어요.'의 뜻이고, 제가 준비한 'I don't want to go to work.'는 '지금 이 순간엔 출근을 하고 싶지 않아요.'의 뜻이에요. 약간의 차이, 이해하셨나요? 사실 아침에 일어나고 움직여야 하는 게 싫을 뿐이지, 회사에 가면 또 맡은 일을 다 해내잖아요? 그런 의미에서 준비한 표현이랍니다.

눈 치우는 게 너무 힘들어요.

바로 듣기

방학 동안 캐나다 친척집에 와 있어요. 여기서의 생활이 어떠냐고 친구들이 물어서 눈 치우는 게 너무 힘들다고 답했는데, 캐나다까지 왔으니 이왕이면 영어로도 말해주고 싶어요.

'It's so hard to clean the snow.(눈을 청소하는 건 매우 힘들어.)'

문장구조는 완벽하지만 'clean the snow'라고 하면 '눈을 세척한다', '눈을 소독한다'는 의미에요. 눈을 치울 때 우리가 어떻게 하는지를 한번 떠올려보세요.

빗자루로 쓸거나 삽으로 퍼내지. 그럼 'It's so hard to sweep the snow.(눈을 쓸기가 매우 힘들어.)'라고 해볼까?

틀린 표현은 아니에요. 하지만 눈을 치울 때 빗자루로 쓸기만 하는 건 아니니 좀 더 일반적인 표현을 써볼까요?

▶▶ 그래서, 타일러가 준비한 표현은?

It's a pain to shovel all the snow.

* **해석**   모든 눈을 치우는 건 힘들어요.

Check!

* it's a pain - 고통스럽다, 힘들다
* shovel - 삽, 삽으로 일을 하다
* all the snow - 모든 눈

타일러 Tip

'shovel the snow'는 '눈을 치우다'라는 뜻이에요. 겨울에 자주 쓰는 표현이니 기억해두세요.
- We'd better hurry and shovel the snow. = 우린 서둘러 눈을 치우는 게 좋겠어.
철업디는 '눈을 치우다'를 표현하기 위해 'clean'이란 단어를 생각해냈죠. 그런데 단어 자체보다 그 의미에 해당하는 행동이나 모습을 먼저 떠올려보면 좋을 때가 있어요. 눈을 치울 때 어떻게 하는지를 생각해보면 삽으로 눈을 퍼내는 행동이 떠오를 테고, 그러면 영어로 표현하기도 좀 더 쉬워지겠죠. 제가 드리는 작은 팁이니 참고하세요. ^^

넌 츤데레 같아.

바로 듣기

저희 남편은 츤데레예요. 겉으로는 무뚝뚝한데 속마음은 따뜻해서 감동을 주기도 하거든요. 요즘 영어 공부 중인 남편에게 '츤데레'에 해당하는 영어 표현을 알려주고 싶어요.

 츤데레들이 겉으론 까칠하니까 'You are so picky.(넌 너무 까다로워.)'라 해볼까?

 'picky'에는 츤데레의 느낌이 전혀 없어요. '까다롭다', '까칠하다'는 뜻만 가진 단어죠. 오늘의 표현을 위해선 '겉은 차갑지만 속은 따뜻하다'처럼 대조의 느낌을 주는 단어가 필요해요.

 왔다갔다 변덕이 심하다는 말은 어떨까? 'You're so fickle.(넌 너무 변덕쟁이야.)'

 'fickle'이 '변하기 쉬운', '마음이 잘 변하는'이란 뜻이긴 하지만 츤데레를 의미하는 건 아니죠?

▶▶ 그래서, 타일러가 준비한 표현은?

You're a softie.

* **해석**   넌 속이 참 부드러워.

* softie – (마음이) 부드러운 사람, 말을 귀엽게 하는 사람

타일러
Tip

겉으로 보이는 모습은 다들 알고 있으니까 말할 필요가 없죠.
그러니 안 보이는 내면을 말해주면 돼요. 겉으로 보기엔
무뚝뚝하고 까칠하지만 속은 매우 다정하고 부드러운 사람이
'츤데레'잖아요? 이걸 잘 표현하는 단어가 영어에도 있어요.
부드럽다는 뜻의 'soft'에 '~ie'가 붙은 'softie'라는 단어죠.
저희 아버지도 덩치가 크신 데다 말을 세게 하시고 성격이
대범하시지만 디즈니 애니메이션을 볼 때 눈물을 흘리시곤
해요. 그럴 때 'You're a softie.'라고 하면 되는 거예요.
'당신은 참 여리군요? 속마음은 다정하군요?'라는 의미랍니다.
아, 그리고 'softie'는 '말을 귀엽게 한다'는 의미로 사용될
때가 있다는 점도 참고로 알아두세요.

변기가 막혔어요.

바로 듣기

대만 여행을 가서 숙소 체크인을 하고 방을 둘러봤더니 변기가 막혀 있더라구요. 전화로 설명하기가 어려워 카운터에 직접 가서 보디랭귀지로 겨우겨우 전달은 했는데, 제대로 된 영어 표현을 알고 싶어요.

 변기가 막혔다는 건 작동이 안 된다는 뜻이니까 'It doesn't work.(작동이 안 돼요.)'

 음… 우선 거기에서의 'it'은 뭘 지칭하는 걸까요? 변기겠죠? 그럼 변기는 영어로 뭐라고 할지부터 생각해보세요.

 아, 'toilet'! 맞지? 'The toilet doesn't work.(변기가 작동이 안 돼요.)'

 좋아요. 'The toilet is broken.'도 비슷한 의미겠죠? 근데 이것들은 모두 고장이 났다는 뜻이라서 오늘 우리가 배워볼 표현과는 좀 달라요. 관 같은 것이 꽉 막혔다는 뜻을 포함한 영어 단어가 따로 있거든요.

▶▶ 그래서, 타일러가 준비한 표현은?

65

The toilet is clogged.

* **해석**　변기가 막혔어요.

* toilet - 변기
* clogged - 막힌, 들러붙은

타일러
Tip

영국과 호주에서는 화장실을 'toilet'이라 지칭하지만 미국식
영어에서의 'toilet'은 변기를 뜻해요. 화장실을 말하고 싶을
때 'restroom'이나 'bathroom'이라고 하면 되고요.
오늘의 표현에 등장한 'clogged'는 제한적인 공간이 꽉
막혀서 뚫지 못하는 상황일 때 써요. 그래서 변기가 막혔을
때에 사용하고, 또 감기로 코가 꽉 막힌 경우에도 'My nose
is clogged.(내 코가 꽉 막혔어.)'라고 하죠. 하지만 차가 너무
많아 도로가 막혔을 때 'clogged'를 쓰면 어색하겠죠?

외식 좀 줄이자.

바로 듣기

제 새해 목표는 목돈 만들기예요. 어떻게 실천하면 좋을지 따져봤더니 최대한 외식을 줄여야 할 것 같더라고요. 그래서 식구들에게 제 결심을 선언하고, 영어로도 써서 벽에 붙여두고 싶어요.

외식을 뜻하는 말을 알아. 'dine out' 혹은 'eat out' 맞지? 그럼 이걸 활용해서 'Let's cut eat out.'이라고 하면 어떨까?

아하! 중간에 'cut'을 쓴 건 '줄이자'는 표현을 위해 넣은 거죠? 근데 문장으로 쓰면 좀 어색해요.

다시 해볼게. 'We shouldn't eat out.(우린 외식을 하지 말아야 해.)' 혹은 'We shouldn't eat out away from home.(우린 집을 떠나 외식하면 안 돼.)'

틀린 표현은 아니지만, 우선 외식을 줄이자고 식구들에게 동의를 구하는 거니까 'Let's'가 좋을 것 같아요.

▶▶ 그래서, 타일러가 준비한 표현은?

67

477

Let's eat out less.

---

* **해석**　　외식을 덜 하자.

Check!

* let's ~ - ~하자
* eat out - 외식, 밖에서 먹다
* less - 덜, 보다 적은

타일러
Tip

오늘의 표현과 동일한 의미로 흔히들 'We need to eat out
less.'라 하기도 해요. 외식을 하고는 싶지만 그러면 안 되니
'~할 필요가 있다'란 의미의 'we need to ~'를 쓰는 거예요. 이
표현도 같은 뜻이니 함께 사용해보세요.

오늘 배운 표현과 반대의 내용을 말하고 싶을 땐 맨 뒤의 'less'
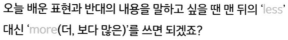
대신 'more(더, 보다 많은)'를 쓰면 되겠죠?

- Let's eat out more. = 외식을 더 자주 하자.

시간이 너무 안 가요.

바로 듣기

아이들이 방학기간인데, 하루 세 끼를 다 챙겨주며 함께 집에 있으려니 시간이 너무 안 가네요. 그래서 빨리 개학하기만을 기다리고 있어요. '시간이 빨리 가다'와 반대의 뜻인 '시간이 너무 안 가다'에 해당하는 영어 표현으론 뭐가 있나요?

'시간이 쏜살같아요'란 표현은 예전에 진미영에서 배운 적이 있지. 'Time flies.'라 하면 된다고 말이야. 근데 오늘은 그와 반대되는 표현을 알아봐야 하네. 내가 한번 시도해볼게. 'This is killing time.' 이건 어때?

'kill' 때문에 시간을 죽인다는 의미일 것 같지만, 'killing time'은 딱히 할 일이 없을 때 무언가를 하면서 시간을 때우거나 보낸다는 뜻이에요.

그럼 좀 시적으로 표현해볼게. 'The clock isn't move.(시계가 움직이지 않아요.)'

오~ 그런 느낌도 좋긴 하네요. 근데 무슨 뜻인지 한참을 생각해야 할 것 같아요.

▶▶ 그래서, 타일러가 준비한 표현은?

478

It's taking forever.

* **해석**   평생 걸릴 것 같아요.

Check!

* take - 걸리다
* forever - 영원히, 끝없이

타일러
Tip

오늘의 표현은 '영원한 시간이 걸릴 것 같아.', '평생 걸릴
것 같아.'란 뜻인데, 해석해보면 시간이 너무 안 간다는
의미이기도 하죠. 'forever'는 '영원하다', '길게 느껴진다'는
뜻이라서 'It feels like forever.(영원한 것 같아요.)'처럼
시간을 표현할 때 많이 사용하는 단어에요.
이 표현을 쓸 때에도 억양이 중요해요. 매우 지루한 느낌을
담아, 문장 앞에 'Oh my God' 혹은 'Ah~' 같은 감탄사를
붙여주면 좋아요.

내 입맛에 딱이야.

바로 듣기

건강을 위해 싱겁게 먹기로 하고 얼마 전부터 실행에 옮기고 있어요. 그런데 짜지 않고 싱거운 쪽이 의외로 제 입맛에 맞더라고요. '입맛에 딱 맞는다.'라는 표현을 외국인 친구에게도 해주고 싶어요.

어렵지 않게 생각해볼게. 'Wow, that's my style. (내 스타일이야.)'

좋아요. 그렇게 해도 돼요. 근데 정확히 무엇이 내 스타일인지를 밝히는 편이 좋겠네요. 맛과 관련된 표현을 좀 더 써보면 어떨까요?

'It taste really match me. (진짜 나에게 맞는 맛이야.)'

음… 무슨 말을 하려는 건지는 알겠는데, 표현이 좀 어색하네요.

▶▶ 그래서, 타일러가 준비한 표현은?

71

479

It hits the spot.

---

* **해석**　　딱 들어맞았어.

* hit ~ - ~을/를 때리다, 치다
* the spot - 점, 정확한 장소

타일러
Tip

오늘의 표현은 매우 자주 사용되는 관용 문장이에요. 아주 맛있어서 자기 입맛에 맞을 때, 또는 마침 먹고 싶었던 걸 지금 딱 먹었을 때 'It hits the spot.'이라고 하면 되죠. 벽에 못을 박는 상황을 한번 상상해보세요. 자기가 원했던 지점에 못을 한 번에 딱 박으면 완벽한 희열을 느끼겠죠? 그 정도로 정확하게 내 취향을 저격했다는 의미랍니다. 이 표현은 다음과 같이 다양하게 응용해서 사용할 수 있어요.

- It hits the spot on a hot day like today. = 오늘같이 더운 날에 딱이야.
- It hits the spot, every time. = 매번 내 취향에 딱 맞는다니까.

제가 눈물이 많아요.

바로 듣기

저는 눈물이 많아서 별명이 '울보'예요. 제 결혼식 때에도 세 번이나 눈물이 터졌다니까요. 말 못할 사연이 있나 보다 하는 오해를 사기도 하는데, 눈물이 많다는 걸 외국인 친구들에게는 어떻게 설명해주면 될까요?

 'I'm a summer person.(나는 여름 체질이야.)'란 표현을 진미영에서 배웠던 적이 있잖아. 그 표현을 응용해볼게. 'I'm a crying person.(나는 눈물이 많은 체질이야).'

 좋은 시도이긴 한데 말이 안 되는 표현이에요.

 이건 어떨까? 'I always cry.(나는 항상 울어.)'

 눈물이 많다고 항상 우는 건 아니죠? 'I ~ cry.'라는 문장구조를 쓰고 싶다면 'I like to cry.(나는 우는 걸 좋아해요).'라고 하는 편이 좋아요. 대신 마치 비밀을 고백하듯 쑥스러운 어조로 말하는 게 좋겠죠?

▶▶ 그래서, 타일러가 준비한 표현은?

I cry easily.

* **해석**   나는 잘 울어요.

Check!

* cry – 울다
* easily – 쉽게, 잘

타일러 Tip

오늘의 표현 대신 'I cry a lot.(저는 많이 울어요.)'라
해도 돼요. 아, 그리고 앞서 배웠던 'You're a softie.(넌
츤데레야.)'를 기억하시나요? 그 문장을 조금 변형한 'I'm
a softie.'도 오늘의 표현과 의미가 같아요. '나는 속이
감성적이야.', '나는 속마음이 부드러워.'로 해석될 수
있으니까요.

- 너 부스스해 보여.

- 고마워서 어쩌죠?

- 여기 없으면 없는 거예요.

- 입이 열 개라도 할 말이 없네요.

- 본전은 뽑아야지!

- (정색하며) 넌 이게 재밌니?

- 말이 씨가 되니 조심하세요.

- 출근하기가 너무 싫어요.

- 눈 치우는 게 너무 힘들어요.

- 넌 츤데레 같아.

- 변기가 막혔어요.

- 외식 좀 줄이자.

- 시간이 너무 안 가요.

- 내 입맛에 딱이야.

- 제가 눈물이 많아요.

- You look like a slob.

- How can I thank you?

- If you can't find it, we're all out.

- I'm so sorry.

- You gotta get your money's worth.

- You think that's funny?

- Be careful what you say. It might come true.

- I don't want to go to work.

- It's a pain to shovel all the snow.

- You're a softie.

- The toilet is clogged.

- Let's eat out less.

- It's taking forever.

- It hits the spot.

- I cry easily.

꿀꿀! (다양한 동물 울음소리)

바로 듣기

외국인 친구에게 한국의 열두 가지 띠를 알려주다가, 동물 이름이 영어로 생각나지 않아 울음소리로 표현했어요. 그러다 동물 울음소리도 한국어와 영어가 서로 다르단 걸 알게 됐는데, 어떤 것들이 있는지 알려주세요!

 같은 동물인데 울음소리는 각국 사람들에게 저마다 달리 들린다는 게 너무 신기해. 우선 돼지 울음소리부터 시도해볼게. 우린 '꿀꿀'이라고 표현하는데 영어로는 음… 코를 잔뜩 머금고 'kung kung'!

 동물 울음소리를 최대한 비슷하게 흉내 내면 외국인도 알아들을 텐데, 이걸 문자로 쓰고 나면 이해하지 못하는 상황이 벌어지겠죠? 오늘의 표현은 곧바로 알려드릴게요.

▶▶ 그래서, 타일러가 준비한 표현은?

Oink oink!

---

* **해석**　꿀꿀!

* oink - 꿀꿀거리다, 꿀꿀

**타일러
Tip**

돼지 외에도 다양한 동물의 울음소리를 알려드릴게요.

소	양, 염소	말
음메 - moo	메에 - baa	이히힝 - neigh
수탉	**암탉**	**개**
꼬끼오 - cockadoodledoo	꼬꼬꼬꼬 - bawk	멍멍 - woof
고양이	**쥐**	**오리**
야옹야옹 - meow	찍찍 - squeak	꽥꽥 - quack

제 폰을 찾으러 왔어요.

바로 듣기

해외여행 갔다가 차에 폰을 두고 내렸어요. 다행히 가이드님이 찾아서 호텔 프런트에 맡겨 주셨는데, 프런트까지 가긴 했으나 직원에게 폰 찾으러 왔다는 말을 못해서 우물쭈물하고 말았네요.

 'I'm here to return my phone.' 이렇게 하면 되지 않을까?

 그건 '폰을 반납하러 왔습니다.'의 뜻이에요. 'return'은 '반납하다', '돌려주다'란 의미니까요. 근데 문장 처음에 'I'm here to ~'를 쓴 건 아주 좋았어요.

 그럼 이건 어때? 'I'm here to get back my phone.'

 문장구조는 매우 잘 만들었어요. 'I'm here to ○○ my phone.' ○○에 들어갈 아주 흔하고 쉬운 단어가 있는데… 모르시겠어요?

▶▶ 그래서, 타일러가 준비한 표현은?

79

482

I'm here to pick up my phone.

---

* **해석**　제 폰을 찾으러 왔어요.

Check!

* I'm here to ~ - 나는 ~하러 왔다
* pick up ~ - ~을/를 찾다, 집어 들다
* my phone - 내 폰

타일러
Tip

'pick up'은 한국에서도 참 많이 사용되죠? 아이들을 데리러 갈 때에도 '픽업하러 간다.', 퇴근길에 물건을 찾아와달라고 부탁할 때에도 '픽업해서 와줘.'라 하니까요. 이처럼 'pick up'엔 다양한 의미가 있으니 참고해주세요.
오늘의 표현이 생각나지 않을 땐 'Excuse me, can I have a my phone?(실례지만, 제 폰 좀 주시겠어요?)'라고 해도 돼요. 다만 좀 생뚱맞게 들릴 수 있으니, 이 문장 앞에 '내가 폰을 잃어버렸는데 가이드가 여기에 맡겨뒀다고 하더라.' 등등 자세한 설명을 먼저 한 뒤에 덧붙이면 더 좋아요.

할머니께 자리를 양보했어요.

바로 듣기

초등학생인 제 아이가 영어 일기를 쓰기 시작했는데, 막히는 표현은 제가 도와주고 있어요.
근데 '할머니께 자리를 양보했다'는 영어로 뭔지 저도 막막하더라고요. 도와주세요!

'양보하다'란 뜻의 단어 'yield'가 있잖아. 그걸 써볼게.
'I yield my seat to grandmother.(나는 할머니께 내
자리를 양보합니다.)'

문장 구조는 나쁘지 않은데 두 가지 문제가 있어요.
우선 'yield'는 주로 운전할 때 쓰는 '양보하다'란 뜻이란
것! 그러니 오늘의 상황에는 적절하지 않겠죠? 또
'grandmother'는 본인의 외할머니나 친할머니에게만
쓸 수 있는 호칭이에요. 남을 그렇게 부르진 않아요.

그럼 두 가지 문제점을 바꿔서 이렇게 말해볼까? 'I gave
my seat to aunt.(나는 이모에게 내 자리를 주었어요.)'

'aunt'도 자신의 큰어머니나 이모를 지칭하는
표현이에요. 한국인들이 많이 착각하는 부분이죠.

▶▶ 그래서, 타일러가 준비한 표현은?

I gave my seat to an elderly woman.

* **해석**   나는 할머니에게 내 자리를 주었어요.

* gave(give의 과거형) △to □ - □에게 △을/를 주었다
* my seat - 내 자리, 내 좌석
* elderly - 나이 든, 연세가 많으신

타일러
Tip

'elderly woman'이라는 표현 자체가 '나이 많은 여성' 그래서 '노파', '할머니'를 의미해요. 앞에서도 말했지만 영어에서 'mother', 'father', 'sister', 'brother', 'grandmother', 'grandfather', 'aunt', 'uncle' 등은 나의 '찐'가족에게만 쓸 수 있고, 그 외의 사람들에 대해선 'man', 'woman', 'elderly man', 'elderly woman' 등으로 표현해요.
다만 'elderly'는 '나이 많은'이란 뜻이기 때문에 웬만하면 당사자 앞에선 쓰지 않는 편이 좋아요. 그 사람의 기분을 좀 상하게 할 수 있으니까요. 그러니 그냥 '다른 사람'에게 자리를 양보했다고 표현하는 게 더 예의 있을 거예요.

그 셔츠가 자꾸 눈에 아른거려요.

바로 듣기

외국인 친구와 쇼핑하던 중 예쁜 셔츠 하나가 눈에 띄었어요. 이번 달 용돈이 부족해서 포기하긴 했는데 자꾸 그 셔츠가 눈에 아른거리네요. 이런 제 심정을 친구에게도 표현해보고 싶어요.

눈에 아른거린다는 건 못 잊는다는 거니까… 'I'll never forget.(나는 절대 잊지 않을 거예요.)'

'아른거린다'는 말을 직역하지 않고 표현을 바꾼 건 좋았어요. 아른거린다는 건 계속 생각이 난다는 의미겠죠?

〈알라딘〉의 OST인 <A Whole New World>의 가사 중에 'Shining shimmering splendid'가 있잖아? 여기서의 'shimmering'을 써보면 어떨까? 'The clothes is shimmering.(옷이 희미하게 빛나요.)'

'shimmering'은 옷이 반짝이거나 원단이 반사되는 걸 말해요. 아른거린다는 것과는 뜻이 좀 다르죠?

▶▶ 그래서, 타일러가 준비한 표현은?

83

I can't stop thinking about that shirt.

* **해석**　나는 그 셔츠에 대해 생각하는 걸 멈출 수가 없어요.

Check!

* I can't stop ~ing - ~을/를 난 멈출 수 없다
* thinking about~ - ~에 대해 생각하기
* shirt - 셔츠

타일러 Tip

잊지 못한다는 건 자꾸 생각난다는 뜻, 그 생각을 멈출 수가 없다는 뜻이겠죠? 오늘의 표현은 갖고 싶은 것, 마음에 걸렸던 게 자꾸 날 따라다닌다는 의미로 매우 많이 쓰여요. '그 옷이 내 마음 속에서 계속 따라다닌다.'란 의미거든요. 'that shirt'의 자리에 다른 단어를 써서 다양하게 응용할 수 있죠.

- I can't stop thinking about you. = 너에 대한 생각을 멈출 수가 없어.

짜고 맵게 먹지 마!

바로 듣기

우리 남편은 맵고 짜게 먹는 편인데, 이젠 남편 건강을 제가 좀 챙겨주려고 해요. 그런데 똑같은 잔소리를 자꾸 하면 싫어할 수 있으니 가끔은 영어로도 말해주고 싶어요.

 있는 그대로 표현해볼게. 'Stop eating like sugar and salt.(설탕이나 소금 같은 건 그만 먹어.)'

 있는 그대로 표현한 게 아닌데요? '짜고 맵게'인데 'sugar'가 왜 들어갔죠?^^

 오, 미안! 'Stop eating like spicy food and salt.(매운 음식이나 소금 같은 건 그만 먹어.)'

 매우 근접했어요. 조금만 수정해보면 어떨까요?

▶▶ 그래서, 타일러가 준비한 표현은?

485

Don't eat salty or spicy food.

* **해석**　짜고 매운 음식은 먹지 마세요.

Check!

* don't eat ~ - ~을/를 먹지 마세요
* salty - 소금기 있는, 짠
* spicy - 매운

타일러 Tip

철업디가 시도했던 표현처럼 문장 앞에 'stop'을 쓰고 싶다면 오늘의 표현에 있는 'or' 대신 'and'를 넣으면 돼요. 'Stop eating salty and spicy food.'라고 하는 거죠.
위에 나와 있듯 'salty'는 '짠', '짭짤한'이란 뜻의 형용사예요. 흔히 쓰는 'salt'는 '소금'이라는 명사니까 두 단어의 차이를 꼭 기억해두세요.

저희는 달러를 받지 않아요.

바로 듣기

편의점을 운영 중인데, 가끔씩 외국인 관광객이 달러로 계산을 하려는 상황이 생기곤 해요. 그럴 때마다 저희는 달러를 받지 않는다고 정확하게 말해주고 싶어요.

 'We can't take dollars. (우리는 달러를 받을 수 없습니다.)'

 맞아요. 정확해요. 근데 'can't'를 사용하면 손님 입장에선 좀 강압적인 느낌이 들 수 있어요.

 그럼 'We don't take dollars. (우리는 달러를 받지 않아요.)'

 Great! 오랜만에 완벽했어요!

▶▶ 그래서, 타일러가 준비한 표현은?

486

We don't accept dollars.

* **해석** 우리는 달러를 받지 않습니다.

Check!

* accept ~ - ~을/를 받다, 수락하다
* dollars - 달러

타일러 Tip

오늘의 표현은 철업디가 얘기한 'We don't take dollars.'보다 공식적이고 정중한 표현이에요. 하지만 철업디가 말한 문장으로도 충분히 의미가 통하니 둘 다 외워두세요. 손님이 엔, 위안 등으로 지불하려 한다면 'dollars' 대신 해당 'currency'(화폐)'를 넣어 말하면 돼요. 또 'We don't accept ~'는 공식적인 자리에서 자주 사용되니 다양하게 응용해보세요.
- We don't accept foreign ID. = 우리는 외국 신분증을 인정하지 않습니다.
- We don't accept cash payments. = 우리는 현금결제를 받지 않습니다.

내가 좋아하는 노래가 라디오에서 나와요.

바로 듣기

출근길에 늘 철파엠을 듣는데, 가장 기분 좋을 때는 제가 좋아하는 노래가 나올 때예요. 역시 제가 좋아하는 타일러가 이 상황을 나타내는 영어 표현을 알려준다면 더 행복할 것 같아요.

 'Now play at the radio it's one of my favorite song.'이라고 하면 어때? '지금 라디오에서 나오는 곡이 내가 가장 좋아하는 노래예요'란 뜻이니까.

 문법에는 맞지 않지만 부분적으로는 매우 좋았어요. 뒤에 쓴 표현을 문장 앞으로 보내보세요.

 'It's my favorite song!(내가 제일 좋아하는 노래야!)'

 좋아하는 노래라는 설명은 충분한데 지금 그 곡이 라디오에서 나오고 있다는 의미는 없네요.

 'It's my favorite song now on the radio.'

 오‥ 좋은 표현인데, 조금은 부자연스럽네요.

▶▶ 그래서, 타일러가 준비한 표현은?

89

My favorite song is on the radio.

* **해석**　내가 가장 좋아하는 노래가 라디오에서 나와요.

* my favorite song – 내가 가장 좋아하는 노래
* on the radio – 라디오에서

타일러
Tip

오늘의 표현 앞에 'Oh my God!'을 넣으면 좀 더 자연스러울
거예요. 내가 좋아하는 노래가 라디오에서 나오는 건 놀랍고
신기한 일이니까요.
'방송 중'이라는 뜻의 'on air'라는 표현을 들어보신 적이 있죠?
오늘의 표현에 사용된 'on the radio'에서도 알 수 있듯,
매체를 표현할 때는 반드시 'on'을 넣어줘야 해요. 'on TV',
'on the internet', 'on the news' 같은 식으로 말이죠.

이건 복불복이야.

바로 듣기

가끔 친구들과 밥을 먹고 계산할 때, 각자의 신용카드를 모두 모은 뒤 주인이 직접 골라서 결제하게 하곤 해요. 한마디로 밥값 계산할 사람을 뽑는 복불복인 셈이죠. 이 '복불복'을 외국인 동료에게도 설명해주고 싶어요.

 내 카드가 안 걸리면 'lucky'한 거고, 걸리면 운이 없는 거니까… 'Maybe or not.(그럴 수도 있고, 아닐 수도 있어.)'

 외국인에게 그 표현을 쓰면 이해는 할 것 같아요. 근데 사실 오늘의 상황에 딱 맞는 영어 표현이 있어요.

 복불복은 걸리든 아니든 확률이 반반이잖아. 그렇다면 'Hey, fifty-fifty.(반반이야.)'는 어때? 아님 'Fortune or not.(운이 좋거나 나쁘거나.)'라 하거나.

 오, 비슷한 느낌으로 잘 가고 있어요. 근데 'fortune' 대신 행운을 뜻하는 영단어가 있잖아요. 매우 자주 사용되는 건데 기억 안 나세요?^^

▶▶ 그래서, 타일러가 준비한 표현은?

It's the luck of the draw.

* **해석** 그건 추첨하는 운이에요.

* luck - 운
* draw - 꺼내다

오늘의 표현에서 'draw'를 어떻게 해석해야 할지 어려워하실
수 있겠네요. 'draw'는 흔히 '(그림을) 그리다'는 뜻으로
알려져 있는데 이 문장에선 '꺼내다', '뽑다', '빼다'의 의미로
해석해야 해요.
카우보이들이 등장하는 오래된 서부영화를 보면, 두 사람이
서로를 등지고 걸어가다 동시에 뒤돌아서서 상대에게 총을
쏘는 장면이 나오곤 해요. 둘 중 운 좋은 사람이 먼저 상대를
쏴서 이기는 것이니 이 또한 복불복이라 할 수 있겠죠. 오늘의
표현이 바로 여기에서 비롯된 거랍니다. '(총을) 잘 꺼내는 게
행운이다'라는 의미인 거죠.
더불어 '행운권 추첨'을 'lucky draw'라 표현한다는 점도
참고로 알아두세요.

다리 꼬지 마.

바로 듣기

외국인 직원이 자꾸 허리가 아프다고 하는데, 생활습관을 유심히 보니 늘 다리를 꼬고 있더라고요. 나쁜 자세 때문에 허리가 안 좋아진 게 아닐까요? 건강을 위해 지금부터라도 다리 꼬지 말라고 말해주고 싶어요.

 'Don't twist your legs.(너의 다리를 꼬지 마.)' 이렇게 하면 어때?

 문장 구조는 아주 좋아요. 근데 'twist'라는 표현을 우리 몸과 관련해서 쓰는 건 좀 어색해요. 마치 몸이 곧 고장 날 것처럼 잔뜩 꼬여 있다는 느낌을 주거든요. 관절이 빠지거나 서로 뒤틀린 상황이 연상된다고나 할까요?

 그럼 'Don't X your legs.(너의 다리를 X 모양으로 만들지 마.)'

 하하하! 좋은 시도였어요. X자 모양의 제스처를 취하면서 함께 말해준다면 통할 수도 있을 것 같네요.

▶▶ 그래서, 타일러가 준비한 표현은?

Don't cross your legs.

---

* **해석**   다리 꼬지 마세요.

* don't ~ - ~하지 마세요
* cross - 교차하다, 십자가 모양의
* leg - 다리

타일러
Tip

철업디가 앞에서 말한 'twist'는 단어 자체만 보면 '꼬다', '얽히다', '뒤틀리다'를 뜻해요. 하지만 'twist arms', 'twist legs'라는 표현은 부서지기 직전까지 심하게 꼬이고 뒤틀린 모습을 지칭하기 때문에 상대로 하여금 오해하게 만들 수 있어요. '내 모습이 그렇게 이상한가?' 하고 말이죠. 우리가 자주 사용하는 'cross'는 두 개의 무언가가 교차하거나 십자가 모양으로 서로 가로지르는 형태를 지칭해요. 다리를 꼰다는 건 두 다리가 서로 교차하게 만든다는 뜻이기 때문에 'cross'를 사용하는 거랍니다. 만약 여러분 주변의 사람이 지금 다리를 꼬고 있다면 오늘의 표현을 한번 사용해보세요!

내숭 떨지 마.

바로 듣기

친한 동생을 남편의 친구에게 소개시켜줬는데, 그 사람 앞에서 엄청 내숭을 떨더라고요. 귀엽긴 했지만 내숭 떨지 말라는 한마디를 슬쩍 해주고 싶어지기도 했어요. 영어에도 '내숭'이라는 말이 있을까요?

사전에서 '내숭'을 찾아보니 '겉으로는 순해 보이나 속으로는 엉큼함'이란 뜻이 있네. 이성 앞에선 좀 다르게 행동하는 사람에게 흔히 내숭 떨지 말라고들 하잖아. 'Don't be a fake.(페이크 쓰지 마.)'는 어떨까?

아주 좋은 시도였어요. 그런데 'a fake'란 말은 없어요. 꼭 쓰고 싶다면 'Don't be a fake person.(거짓된 사람이 되지 마세요.)'이라고 하는 게 자연스러운데 실제로 이렇게 표현하진 않아요.

흐음… 그럼 내숭 떨지 말고 평소대로 행동하라는 뜻이니 'Just be yourself.(네 있는 그대로를 보여줘.)'

글쎄요, 이렇게 돌려 말하는 것보단 아까 'fake'를 이용한 시도가 더 좋았던 것 같은데요?

▶▶ 그래서, 타일러가 준비한 표현은?

Stop being so fake.

* **해석**   그렇게 가식적으로 굴지 마.

* stop being ~ - 그만 좀 ~해
* so - 그렇게
* fake - 위조하다, 꾸며내다, 가짜

타일러 Tip

오늘의 표현은 미국 드라마에도 정말 많이 등장하니 꼭 기억해두세요. 'Stop being ~ ' 뒤에 다양한 표현을 더해서 다음과 같이 응용할 수도 있어요.

- Stop being selfish. = 그만 좀 이기적으로 굴어.
- Stop being shy. = 그만 좀 수줍어해.
- Stop being a cry baby. = 아기처럼 징징거리는 것 좀 그만해.

491

칙칙폭폭!

바로 듣기

유치원 다니는 아이와 기차놀이를 했는데, 언제 어떻게 배웠는지 기차 소리를 '칙칙폭폭'
이라고 매우 자연스럽게 표현하더라고요. 미국 아이들은 '칙칙폭폭'을 뭐라고 할까요?

 기차 소리도 동물 소리처럼 나라마다 달리 표현한다는
게 참 신기해. 예전에 영어 공부할 때 배웠던 표현이 얼핏
생각나네. 'chugging chugging!' 이거 아닐까?

 거의 맞아요. 철업디가 이야기한 것처럼 기차 소리 역시
언어권마다 표현이 다르죠. 그러니 오늘의 표현은 곧바로
알려드릴게요.

▶▶ 그래서, 타일러가 준비한 표현은?

Chugga chugga choo choo!

＊해석　칙칙폭폭!

* chugga chugga - 기차 바퀴의 소리를 나타내는 의성어
* choo choo - 기적 소리를 나타내는 의성어

타일러 Tip

추신수 선수가 메이저리그에서 활약했던 시기의 별명이 '추추 트레인'이었죠. 추 선수의 성과 기차의 기적 소리를 연결시킨 재미있는 별명이었어요.

사실 오늘의 표현은 의성어라서 정확한 스펠링이 정해져 있지 않지만, 일반적으로는 위와 같이 사용해요. 그 외에 자동차와 관련된 소리로는 다음과 같은 것들이 있답니다.

자동차의 경적 소리	구급차의 사이렌 소리	오토바이의 엔진 소리
빵빵 - beep beep	삐뽀삐뽀 - wee-ooh wee-ooh	부릉부릉 - vroom vroom

빨리 주말이 왔으면 좋겠어요.

바로 듣기

월요병으로 너무 힘든 하루였어요. 주말이 빨리 오면 좋겠다는 생각뿐이었는데, 이 말을 영어로 표현해보면 덜 지루할 것도 같아요. '빨리'를 표현하려면 'fast'를 써야 할까요?

 내 생각에 'fast'는 안 들어갈 것 같아. 'I'm hoping the weekend is just around corner (나는 주말이 코앞에 와있기를 바라고 있어요.)'

 주말이 언제인지는 우리 모두가 알고 있죠? 그럴 때는 'I'm hoping~(나는 ~을/를 바라고 있어요.)'을 쓰지 않아요. 이 표현 뒤에는 일어날지 아닐지, 혹은 올지 안 올지 모르는 일을 붙여야 하거든요.

 그럼 주말이 기다려진다는 뜻이니까 'I'm looking forward to the weekend.(나는 주말을 기대하고 있어요.)'

 표현은 나쁘지 않지만, 주말을 기다리려니 지금 이 순간의 시간이 너무 안 간다는 의미는 없네요.

▶▶ 그래서, 타일러가 준비한 표현은?

492

I can't wait until the weekend.

---

* **해석**   주말까지 기다릴 수가 없어요.

Check!

* I can't wait ~ - ~을/를 나는 기다릴 수 없다
* until ~ - ~까지
* the weekend - 주말

타일러 Tip

'I can't wait'는 다음과 같은 식으로 정말 많이 쓰는 표현이에요.

- I can't wait to see you. = 너를 볼 때까지 기다릴 수가 없어. = 보고 싶어 죽겠어.
- I can't wait until winter. = 겨울을 기다릴 수가 없어. = 빨리 겨울이 왔으면 좋겠어.

청취자 분이 말한 'fast'와 철업디가 처음 쓴 'I'm hoping' 모두를 넣어 'I'm hoping this week goes by fast.'라고 해도 오늘의 표현과 비슷한 의미가 되긴 해요. 이번 주가 빨리 지나가길 바라고 있다는 뜻이니까요.

100

뜨거우니까 호호 불어서 드세요.

바로 듣기

조카들이 집에 놀러 와서 어묵탕을 해줬는데, 뜨거우니까 호호 불어서 먹으라고 해도 말을 안 듣네요. 영어로 얘기하면 조카들의 주의를 집중시킬 수 있지 않을까요? 가르쳐주세요!

 먼저 가볍게 몸 좀 풀어볼게. 'I say hoho, you say hoho.'

 네에?

 농담이었고, 다시 해볼게. 'It's really hot, take care of eat.(진짜 뜨거우니 식사 조심하세요.)'

 자연스럽지 않아요. '호호~' 불어야 하잖아요? '불다'에 해당하는 영단어가 뭘까요?

 그건 'blow'지! 'It's hot, take blow, do not drink. (뜨거워요, 불어요, 마시지 마세요.)'

 어색하지만, 'blow'를 떠올린 건 매우 좋았어요.

▶▶ 그래서, 타일러가 준비한 표현은?

It's hot, so blow on it.

* **해석**   뜨거워요. 그러니까 불어주세요.

Check!

* hot - 뜨겁다
* blow - 불다
* on it - 그 위에, 그것에

타일러 Tip

뜨거운 걸 먹을 누군가에게 'Make sure you blow on it.'이라는 표현을 쓰곤 하죠. '꼭 불어서 드세요.'라는 의미로 많이 쓰는 표현이니 기억해두세요.
'blow'에는 '입으로 불다', '바람이 불다', '악기를 입으로 불어 소리를 내다', '풍선을 불다' 등 다양한 뜻이 있으니 적재적소에 이용하면 된답니다.

너희끼리 알아서 해결해.

바로 듣기

외국인 이웃이 저에게 옆집 뒷담화를 종종 하는데, 그들의 싸움에 끼지 않고 싶을 때가 많아요. 뒷담화를 들을 때마다 그건 너희가 알아서 해결하라고 한마디 해주고 싶은데 어떻게 말하면 될까요?

 'You guys should figure it out.(너희는 그걸 해결해야 해.)'라고 하면 되지 않을까?

 'figure it out(알아내다, 해결하다)'을 쓴 건 정말 좋았어요. 거기에 딱 한마디만 덧붙이면 완벽해지겠네요. 내 도움 없이 너희끼리 해결하라는 뜻이 들어가야겠죠? '너희끼리'는 영어로 뭘까요?

 'Figure it out each other.(각자 해결해.)', 'Figure it out except me.(나를 제외하고 해결해.)'

 글쎄요… 또 어떤 단어가 있을까요? 계속 말하다 보면 나올 것 같아요.^^

▶▶ 그래서, 타일러가 준비한 표현은?

103

494

Figure it out yourselves.

* **해석** 당신들끼리 해결하세요.

* figure it out - 해결하다
* yourselves(yourself의 복수형) - 당신들 스스로

타일러
Tip

오늘의 표현에선 'yourselves'가 아주 중요해요.
복수형이니까 나를 빼고 너희끼리 해결하라는 의미가
들어가죠. 만약 친구가 별일 아닌 걸로 계속 징징거리고
'나 어떡하지?' 하면서 고민상담을 청한다면 '네가 알아서
해결해.'란 의미로 'Figure it out yourself.'라고 하면 돼요.

눈꼴시어서 못 봐주겠네.

바로 듣기

친구가 저와의 약속 장소에 남자친구와 함께 나왔더라고요. 둘이서 얼마나 눈꼴시게 서로를 챙기던지, 대놓고 말은 못했지만 영어로라도 한마디 해주고 싶었어요.

못 봐주겠다는 건 어떤 모습도 보기 싫다는 게 아닐까? 'I can't see that anything.(난 아무것도 안 보여.)'

오늘의 표현을 위해선 상황을 잘 따져봐야 해요. '차라리 안 보이는 곳에서 그러든가!', '둘만 있을 때 그러든가!' 이런 말이 먼저 나오지 않을까요?

'Whoa, whoa, whoa.(워워워.)' 이렇게 하면 자제하지 않을까? 아님 'Hey, this is public place.(이봐, 여긴 공공장소야.)'라 하거나.

오, 좋아요. 다만 장소가 들어가는 것까진 맞는데, 공공장소라고 말하기보다는 좀 더 업그레이드된 표현을 쓰는 편이 좋죠.

▶▶ 그래서, 타일러가 준비한 표현은?

Get a room.

---

* 해석   방을 잡으세요.

* get ~ - ~을/를 잡다
* room - 방

'Get a room.'은 애정 표현이 과한 커플에게 '눈꼴시니 딴 데 가서 그렇게 해.'라는 의미로 친구들끼리 놀리면서 정말 많이 쓰는 표현이에요. 정말로 방을 잡으라는 뜻이 아니라, 분위기 좀 파악하라는 의미의 표현이니 놀리는 듯한 억양으로 말하면 돼요.

'room'이 들어가는 표현 중에 'read the room'이 있어요. 직역하면 그 방을 읽으라는 뜻인데 방 안의 공기, 즉 분위기를 파악하라는 의미가 되죠. 참고해주세요.

- 꿀꿀!

- 제 폰을 찾으러 왔어요.

- 할머니께 자리를 양보했어요.

- 그 셔츠가 자꾸 눈에 아른거려요.

- 짜고 맵게 먹지 마!

- 저희는 달러를 받지 않아요.

- 내가 좋아하는 노래가 라디오에서 나와요.

- 이건 복불복이야.

- 다리 꼬지 마.

- 내숭 떨지 마.

- 칙칙폭폭!

- 빨리 주말이 왔으면 좋겠어요.

- 뜨거우니까 호호 불어서 드세요.

- 너희끼리 알아서 해결해.

- 눈꼴시어서 못 봐주겠네.

- Oink oink!

- I'm here to pick up my phone.

- I gave my seat to an elderly woman.

- I can't stop thinking about that shirt.

- Don't eat salty or spicy food.

- We don't accept dollars.

- My favorite song is on the radio.

- It's the luck of the draw.

- Don't cross your legs.

- Stop being so fake.

- Chugga chugga choo choo!

- I can't wait until the weekend.

- It's hot, so blow on it.

- Figure it out yourselves.

- Get a room.

커닝하지 마세요.

바로 듣기

제가 학교에 다녔을 땐 공부한 내용을 책상이나 손바닥에 몰래 적어두고서 커닝을 하곤
했는데 요즘 학생들은 안 그러겠죠? 반성도 할 겸, '커닝하지 마.'에 해당하는 영어 표현을
배워보고 싶어요.

'커닝(cunning)'은 콩글리시지? 그러니 'Don't
cunning.'이라고 하면 안 될 것 같아.

맞아요. 'cunning'은 '교활한', '간사한'의 뜻이라서 그런
상황을 이야기할 때 사용하면 외국인들이 깜짝 놀랄
거예요.

'Stop cheating!(부정행위 좀 그만해!)'는 어때?

아주 좋아요. 단어를 잘 생각했네요. 근데 그건 지금
커닝을 하고 있는 사람에게 쓰는 문장이에요. 일반적으로
쓰려면 동사를 뭘로 바꿔야 할까요?

▶▶ 그래서, 타일러가 준비한 표현은?

496

Don't cheat.

---

* **해석**   부정행위 하지 마세요.

* cheat – 속이다, 사기 치다, 바람피우다

타일러
Tip

'cheat'에는 남을 속이거나 규칙을 위반하는 모든 경우가
포함되어 있어요. 미국 드라마에서 'Don't cheat.'는 주로
'바람피우지 마'라는 의미로 많이 사용되죠.
커닝하는 사람, 바람피우는 사람, 사기꾼은 'cheater'라고
해요. 배우자나 애인 몰래 바람피우는 사람들을 고발하는 어느
미국 프로그램의 타이틀이 <Cheaters>인 이유도 이것이죠.

빨간색으로 염색해주세요.

바로 듣기

해외여행을 가면 저는 그 나라의 미용 기술을 경험해보고 싶어서 꼭 미용실에 들르곤 해요. 다음번 여행에서는 빨간색으로 염색을 해보고 싶은데 영어로 어떻게 말해야 하나요? 색깔을 바꾸는 거니까 'change'를 써야 할까요?

'머리를 다듬다'라고 할 땐 'trim'을 쓴다고 예전에 진미영에서 배웠는데, 오늘은 '염색하다'니까 'dye'를 써볼게. 'Dye to red color please.(빨간색으로 염색해주세요.)'

'dye'라는 단어는 잘 떠올렸는데 목적어가 없네요. 뭘 염색해달라는 거죠?

머리카락이지. 그럼 'Can I get to dye my hair to red color?(내 머리를 빨간색으로 염색할 수 있을까요?)'라고 해야 하나?

그렇게 말하면 '정말 당신이 직접 염색할 수 있겠어요?'라고 상대가 되물을 것 같아요. 그 문장엔 '내가 내 머리를 염색해도 될까요?'라는 뜻이 담겨 있으니까요.

▶▶ 그래서, 타일러가 준비한 표현은?

Please dye my hair red.

---

* **해석** 내 머리를 빨갛게 염색해주세요.

Check!

* dye ~ - ~을/를 염색하다, 물들이다
* my hair - 내 머리카락
* red - 빨간색

타일러
Tip

'red'의 자리에 다양한 색깔을 넣어서 오늘의 표현을 활용할 수 있겠죠? 청취자 분이 말한 것처럼 굳이 'change'를 쓸 필요는 없어요.

근데 오늘 표현을 처음부터 쓰긴 어려울 것 같아요. 한번 상상해보세요. 미용실에 가면 우선 직원이 어떻게 왔냐고 묻겠죠? '머리 염색을 좀 하고 싶어요.(I want to dye my hair.)'라고 답하면 어떤 색을 원하는지 다시 물을 테고, 그럼 '빨간색으로 해보려 하는데 어떨까요?'라고 하는 식의 대화가 먼저 오갈 거예요. 그러니 오늘의 표현을 무작정 외우기보다는 그 상황에 어울리는 말을 할 수 있게 다양한 대화를 시도해보세요.

삭신이 쑤셔요.

바로 듣기

조카 좀 봐달라는 누나의 부탁을 '야근하느라 삭신이 쑤셔.'라며 거절했는데 괜히 찔리네요. 사실 조카랑 놀면 정말로 삭신이 쑤셔요. 이 느낌을 영어로도 표현할 수 있을까요?

 '삭신'이 뭔지는 알지? 몸 구석구석 뼈마디를 말하는 건데, 안 아픈 곳이 없다는 의미니까 'All body is sick.(모든 몸이 아파.)'는 어떨까?

 그건 몸 구석구석이 아니라 모든 사람이 다 아프다는 의미에요.

 앗, 그렇구나! 그럼 '나'를 써야겠네. 'I feel under the weather(난 컨디션이 좋지 않아.)'

 몸 상태나 컨디션이 안 좋을 땐 쓸 수 있는 표현이지만, 오늘의 상황과는 안 맞는 것 같아요. 삭신이 아프다는 의미가 안 들어 있으니까요.

▶▶ 그래서, 타일러가 준비한 표현은?

498

Oh my God, I'm so sore.

* 해석　　세상에, 저 너무 아파요.

Check!

* oh my God - 세상에
* sore - 쑤시는, 조금만 닿아도 쓰린

타일러
Tip

오늘의 표현에서도 억양이 중요해요. 진짜 아픈 것처럼
말끝을 쭉 늘려주는 거죠. 'sore'라는 단어에는 근육통이나
몸살에 걸렸을 때처럼 꼼짝달싹 못하겠다는 느낌이 있으니 잘
외워두세요.
참고로 한 가지를 더 알려드릴게요. 외국 사람들은 누군가
재채기를 하면 꼭 '(God) Bless you!'라고 해주고, 이 말을 안
하는 건 실례로 여기기까지 해요. '(God) Bless You!'는 아주
오래전 전염병이 돌 때 '하나님이 돌봐주실 거야.' 하며 서로를
위로하던 상황에서 유래했어요. 그러니 재채기하는 외국인을
보면 꼭 이 표현을 사용해주세요.

499

세월 앞에 장사 없단다.

바로 듣기

갱년기를 겪고 있는 50대 워킹맘이에요. 저한텐 사춘기인 딸이 하나 있는데, 딸아이는 저와 말싸움이 벌어지면 항상 저를 늙었다며 무시하네요. 세월 앞엔 장사가 없는데 말이에요. 딸에게 이 말을 영어로 멋지게 한번 해주고 싶어요.

 세월 앞에 장사 없다는 건 누구나 나이를 먹는다는 의미잖아. 'Everybody has age.(누구나 나이를 가지고 있다.)'

 아주 좋은 접근이에요. 문장 구조는 조금 어색하지만요.

 이 코너를 오래 진행하다 보니 영어식으로 접근하는 게 가능해진 것 같아. 다시 해볼게. 'Everybody is aging.(모두가 늙어가고 있다.)'

 나쁘진 않지만, 오늘의 표현은 '누구나 나이를 먹는다.' 잖아요. 그러니 '나이를 먹다'에 해당하는 단어가 들어가야 해요.

▶▶ **그래서, 타일러가 준비한 표현은?**

499

Everyone gets old.

---

* **해석**　　누구나 늙습니다.

Check!

* everyone - 모든 사람, 누구나
* get ~ - ~을/를 얻다, ~이/가 되다
* old - 나이를 먹은, 노년의

타일러 Tip

오늘의 표현을 직역하면 '모든 사람은 나이 많은 상태가 된다.'예요. 'get'이 '되다'라는 뜻으로 사용된 예인데, 'everyone' 대신 철업디가 말한 'everybody'를 써도 괜찮아요.
참고로 저희 식구들은 'Everyone gets old, if they're the lucky.'라고 말해요. '나이를 먹는다는 건 행운'이라는 의미죠. 좀 심오한가요?^^

시간 때우기에 딱 좋아요.

바로 듣기

한국인은 휴대폰을 늘 손에 쥐고 있는 편이잖아요. 하루는 외국인 동료가 왜 그렇게 휴대폰을 많이 보냐고 묻던데, 시간 때우기에 딱 좋다고 말해주고 싶었어요.

 'That's good idea for killing time.(그건 시간 때우기에 좋은 생각이에요.)'

 좋아요. 다만 앞부분은 좀 바꿔보는 게 어떨까요? 굳이 'idea'라고 할 필요는 없으니 좀 더 간단하게요!

 'It's good for killing time.(심심풀이로 좋아요.)'

 아주 좋아요! 팡파레 울려드릴게요!

▶▶ 그래서, 타일러가 준비한 표현은?

117

500

It's great for killing time.

＊ 해석　　시간 때우기에 아주 좋아요.

Check!

* great - 몹시 좋은
* killing time - 심심풀이

타일러 Tip

'great'의 자리에 철업디가 말한 'good'을 써도 괜찮아요. 둘 다 의미가 통하니까요.

'killing time'은 '무료한 시간을 보내다', '시간을 때우다'란 의미에요. 그래서 누군가에게 '넌 어떻게 시간을 때워?'라고 물어보고 싶다면 'What do you do when you're killing time?' 혹은 'What do you to kill time?' 이렇게 표현하면 된답니다.

118

액체류는 배송이 안 돼요.

바로 듣기

미국에 있는 친척에게 소포를 보내려고 우체국에 갔더니, 스킨 같은 액체류는 테러 위험 탓에 보낼 수 없다더라고요. 외국인 고객을 위해 이걸 영어로 써두면 좋을 것 같았어요.

'Liquids are limited to delivery.(액체류는 배달로 제한됩니다.)'

그건 '액체류를 구매하면 가져갈 순 없고, 저희가 택배로 보내드려야 합니다.'라는 의미예요. 'limited to ~'는 '~로 제한되다', '~만 된다'는 뜻이거든요.

그럼 좀 바꿔볼게. 'Liquids are not delivery.(액체류는 배달이 안 됩니다.)'

오늘의 표현에서 중요한 건 배송이 안 된다는 점이니 그것과 관련된 표현을 생각해봐야 하지 않을까요?

'Can't deliver to liquids.(액체로 배달할 수 없어요.)'

'delivery'는 사람이 직접 문 앞까지 배달해주는 서비스를 말해요. 그러니 오늘 상황과는 어울리지 않는 단어겠죠?

▶▶ 그래서, 타일러가 준비한 표현은?

119

501

We can't ship liquids.

---

* 해석　　액체류는 배송할 수 없습니다.

* ship ~ – ~을/를 배에 싣다, 배로 보내다, 운송하다
* liquid – 액체

타일러 Tip

국제 우편물의 경우 대부분은 배로 보내기 때문에 'ship'을 사용해요. 하지만 항공으로 운송하거나 서류를 보낼 때도 일반적으로 이 단어를 쓰곤 하니 알아두세요. 요즘엔 특히 해외직구를 하는 경우도 많으니, 그와 관련된 상황에서 유용하게 쓸 수 있는 표현 좀 알려드릴게요.

- 제가 주문한 건 언제 배송되나요? = When will my order be shipped?

- 아직도 배송이 시작되지 않고 있어요. = It has not even shipped yet.

가격이 좀 올랐어요.

바로 듣기

단골 치킨집에 외국인 손님이 자주 오는데, 치킨 값이 오른 걸 모르고 예전 가격대로 계산을 하려고 하더라고요. 가격이 조금씩 다 올랐다는 걸 설명해주고 싶었어요.

 'rise'(오르다)의 과거분사를 써서… 'Chicken price has risen.'(치킨 가격이 올랐어.)'라고 해볼까?

 지나치게 잘 차려진 표현 같아요. 좀 더 직설적으로, 일반적으로 쓰는 말투로 바꿔보세요.

 'Chicken price has go up.'(치킨 가격이 올랐어요.)'

 표현은 어색한데, 제가 생각하지 못한 'go up'을 썼네요. 아주 좋았어요.

▶▶ 그래서, 타일러가 준비한 표현은?

121

The price went up.

---

* **해석**　　가격이 올랐어요.

* price - 가격
* went up(go up의 과거) - 올라가다, 위로 가다

타일러
Tip

사실 제가 처음에 준비한 표현은 'The price is higher.'
였어요. 이 표현 역시 '가격이 좀 올랐어요.'란 뜻이긴 한데,
메뉴판이나 가격이 적혀 있는 종이를 보여주면서 설명해야
통하는 말이에요. 'higher'가 비교급이니 예전 가격보다
더 올랐다는 의미가 되는 거죠. 그와 달리 철업디가 쓴 'go
up'의 과거형 'went up'을 사용할 땐 좀 더 자유로운 표현이
가능해요.
오늘의 표현과 반대되는 뜻, 즉 가격이 좀 내렸다고 말하고
싶다면 'went up'의 반대말인 'went down'을 써서 'The
price went down.'이라고 하면 된다는 것도 참고로
기억해두세요.

아.나.바.다 운동

바로 듣기

안 쓰는 물건을 아파트 중고장터에 내놓고 아이들 간식으로 바꿔오곤 하는데, 하루는 문득 어릴 때 있었던 아.나.바.다 운동이 떠오르더라고요. 그에 맞는 영어 표현을 배워서 동네 엄마들한테 알려주고 싶어요.

 아껴 쓰고, 나눠 쓰고, 바꿔 쓰고, 다시 쓰자고 해서 '아.나.바.다'인 건데 영어로 한번 시도해볼게. 'Save, Share, Change, Recycle'!

 단어 그대로 직역을 하셨네요. 네 가지 단어 중에서 한 단어는 좋은데, 나머지 것들은 의미가 통하지 않아요.

 'Do you know AH, NA, BA, DA?(아,나,바,다 알아요?)' 하하… 어렵네. 오늘의 표현은 사실 잘 모르겠어.

 앞에서 말한 네 단어 중 'recycle'은 맞았어요. 여기서 포기하는 건가요?

▶▶ 그래서, 타일러가 준비한 표현은?

123

503

Reduce, Reuse, Recycle

* **해석**　줄이고, 다시 쓰고, 재활용하기

Check!

* reduce – 줄이기, 절감, 삭감
* reuse – 다시 쓰기, 재사용
* recycle – 재활용, 재순환, 개조

타일러
Tip

한국어로는 '아껴 쓰고, 나눠 쓰고, 바꿔 쓰고, 다시 쓰기'니 총 네 가지 내용이 들어가는데 영어로는 세 단어밖에 없다니 의아하시죠? 사실 '바꿔 쓰기'는 'recycle' 안에 포함된 개념이라고 할 수 있어요. 그래서 굳이 '바꿔 쓰기'와 '다시 쓰기'를 따로 말할 필요가 없는 거죠.

오늘의 표현에 들어 있는 단어들의 공통점은 앞에 're-' 라는 접두사가 붙는다는 거예요. 이 접두사는 '다시' 또는 '재사용'이라는 의미를 가져요. 'replay(재연하다)', 'reapply(다시 지원하다)'라는 단어들이 또 다른 예가 되겠죠.

124

식곤증이 왔어요.

바로 듣기

요즘 점심을 먹고 나면 너무 졸려요. 사무실에서 꾸벅꾸벅 조는데, 영어 공부라도 하면서 잠을 깨워보고 싶네요. 식곤증이 왔다는 내용의 영어 표현엔 혹시 'meal'이나 'tired'가 들어갈까요?

 청취자 분이 말한 'meal'과 'tired' 중, 나는 'tired'가 들어갈 것 같아. 'I had a lunch, I'm so tired.(난 점심을 먹었어요, 너무 피곤해요.)'

 자연스럽진 않지만 의미가 그럭저럭 통하긴 하네요. 좀 더 영어식으로 바꿔볼까요? 식곤증을 과학적으로 설명해보죠.

 'After eating, sleep syndrome.(식사 후 수면 증후군.)'

 'syndrome'이라는 어려운 단어를 썼네요. 매우 좋은 시도예요. 꽤 그럴듯한 병명처럼 보이거든요.^^

▶▶ 그래서, 타일러가 준비한 표현은?

125

I'm in a food coma.

---

* 해석 나는 음식 혼수상태에 빠졌어요.

Check!

* food - 음식
* coma - 혼수상태

타일러 Tip

'food coma'는 매우 일반적이고 많이 쓰는 표현이라서 'Food coma.'라고만 말해도 외국인들은 '아, 식곤증이 왔구나.' 하고 이해할 거예요.

사실 대부분의 'coma'는 반드시 전치사 'in'과 함께 써야 해요. 그래야 '혼수상태에 빠지다'란 의미가 되거든요. 하지만 'food coma'는 워낙 일반적인 표현이라 'I got a food coma.(난 식곤증에 빠졌어.)', 'I have a food coma.(난 식곤증이 있어.)' 라고 하기도 한답니다.

프리 사이즈예요.

바로 듣기

봄옷 쇼핑을 하러 갔는데 그간 살이 많이 쪄서 프리 사이즈 옷이 안 맞더라고요. 울적한 마음을 영어 공부나 하며 달래볼래요. 영어권에도 '프리 사이즈'란 말이 있나요? 적합한 표현을 알려주세요.

그냥 쉽게 해볼게. 'This is free size (이건 프리 사이즈예요.)'

영어권에 '프리 사이즈'라는 말은 없어요. 그래서 그렇게 말하면 아마 '아, 이거 공짜예요?'라고 되물어볼 것 같아요.

프리 사이즈라는 건 누구나 다 입을 수 있다는 거니까 'adaptable(융통성 있는)'을 써볼게. 'It can be adaptable.(그건 융통성이 있어요.)'

생각은 잘하셨어요. 근데 사람보다는 물건, 그러니까 옷을 중심에 두고 생각하면서 문장을 만들어보세요.

▶▶ 그래서, 타일러가 준비한 표현은?

One size fits all.

---

* 해석   한 사이즈가 모두에게 맞아요.

* one size – 하나의 치수, 하나의 크기
* fit – 들어맞다, 적합하다

타일러
Tip

오늘의 표현은 숙어처럼 그대로 외우면 돼요. 다르게
응용된 경우를 본 적이 절대 없으니 저 문장 그대로를 꼭
기억해두세요.
미국 사이즈에 대한 이야기 좀 해볼까요? 한국에선
밀리미터(mm)를 신발 사이즈의 단위로 사용하지만 미국에선
US로 표시하고 여성과 남성도 나눠요. '여성 US 6' 사이즈는
230밀리미터니까 참고하세요.
그 외에도 미국에서 자주 사용되는 단위들이 있어요. 길이나
거리의 경우엔 인치(inch/in.)나 피트(feet/ft.), 마일(mile/
mi.)을, 무게와 관련해선 온스(ounce/oz.), 파운드(pound/
lb.), 톤(ton/t.)을 많이 쓴답니다.

다수결로 해요.

바로 듣기

부부동반 모임에서 등산을 계획 중인데, 인원이 많아서인지 의견 충돌이 많네요. 그럴 땐 다수결로 하자고들 하잖아요. 이 말을 영어로도 표현해보고 싶어요.

 '많은 사람 쪽으로 결정하자.'라는 뜻에서 'Many people going decided.'라 하면 어때?

 귀여운 표현이지만 어법엔 많이 안 맞네요.

 뮤지컬 <맘마미아>의 OST 중 하나의 제목인 'The winner takes it all.(승자가 모든 걸 갖는다.)'는?

 다수결인데 승자를 정한다는 건 좀 어색하죠? '다수'라는 단어를 생각해보세요!

 다수면 'major'잖아? 그럼 'Major winner, minor loser!(다수는 승자, 소수는 패자!)'

 글쎄요. 지는 쪽의 사람들이 '루저'라는 표현을 들으면 기분이 좋을지 모르겠네요.^^

▶▶ 그래서, 타일러가 준비한 표현은?

506

Let's vote, majority rules.

* **해석**　투표하자, 다수결로.

Check!

* vote - **투표, 표결**
* majority rules - **다수의 규칙, 다수결**

타일러 Tip

오늘의 표현에 있는 'rule'은 '규칙'이란 의미와 함께 '지배하다', '통치하다', '법정에서 명령하다'란 의미가 있어요. 즉, 그만큼 신빙성 있는 판결이라는 뜻인 거죠. 미국에서는 'Let's vote.(투표하자.)'라고만 해도 대부분의 사람들이 다수결을 하자는 뜻으로 이해할 거예요. 미국의 법 시스템이 다수결에 바탕을 두기 때문이죠.

참, 'majority'의 발음([mədʒɔːrəti] 또는 [mədʒɑːrəti])에 대해 철업디도 그렇고 어려워하는 분들이 많은 것 같아요. 다시듣기를 통해 꼭 익혀두시면 좋겠네요.

이제 좀 감 잡았어요.
(일이 익숙해졌어요.)

바로 듣기

이직을 했는데 처음엔 너무 힘들었어요. 다행히 이젠 일이 손에 익었고 감도 좀 잡았죠. 얼마 전엔 외국인 동료도 저에게 할 만하냐고 물었는데, 이런 말을 영어로 어떻게 표현해야 할까요?

 감이 잡힌다는 건 익숙해진다는 거니까 'I'm use to it.(전 익숙해요.)'

 좋아요. 근데 그냥 익숙해지는 게 아니라 일에 있어서 기술자가 되어간다는 의미를 전달해야 하지 않을까요? '손에 익다'에 해당하는 표현을 생각해보세요.

 '손'이라는 말에서 힌트를 얻었어. 'I'm in a handy.'

 어… 의미는 통하지 않지만, 어쨌든 좋은 시도였어요.

▶▶ 그래서, 타일러가 준비한 표현은?

I got the hang of it.

* **해석** 나는 요령을 터득했어요.

* got the hang of ~ - ~을/를 익히다, ~에 대한 감을 잡다

타일러
Tip

'got the hang of'가 왜 '감을 잡다'란 뜻인지 궁금하시죠?
옷을 걸어두는 옷걸이를 '행거(hanger)'라 하는 데서 알 수
있듯 'hang'에는 '걸다', '매달다'라는 뜻이 있어요. 'got the
hang of'는 무언가를 잡고 있다, 무언가에 매달려 있다는
의미예요. 다시 말해 일을 잘 잡고 있고, 놓치지 않고 있다는
뜻이니 '감을 잡았다'에 해당하는 표현인 거죠. 매우 자주
사용되는 표현이니 외워두세요.
오늘의 표현 중 맨 뒤에 있는 'it'의 자리에는 다음과 같이 어떤

단어든 넣을 수 있어요.
- I got the hang of swimming. = 난 수영 요령을 터득했어.
- I got the hang of working. = 난 일하는 감을 잡았어.

삼겹살 세일 중이에요.

바로 듣기

오빠가 정육점을 운영하는데, 요즘 삼겹살을 세일하는 중인가 봐요. 그래서 단골 외국인 손님에게도 문자로 알려주고 싶다는데 어떻게 써야 할지 모르겠다고 하네요. 저희 남매 좀 도와주세요.

 삼겹살은 돼지고기니까 'pork'를 써볼까? 'Hey, pork is discount.(이봐, 돼지고기 할인이야.)'

 좀 무례하게 느껴질 수 있겠는데요? 'discount'보다 더 흔한 말이 있으니 한번 떠올려보세요.

 그럼 'Pork is sale.(돼지고기 세일해요.)'

 오, 좋네요. 다만 'sale' 앞에 'on'을 넣어 'Pork is on sale.(돼지고기가 세일 중입니다.)'라 해야 좀 더 자연스러운 표현이 돼요. 사실 제가 준비한 표현은 따로 있답니다.

▶▶ 그래서, 타일러가 준비한 표현은?

508

We are having a sale on pork belly.

* **해석**   우리는 삼겹살 세일 중이에요.

Check!

* having a sale - 세일하는 중이다
* pork belly - 삼겹살

타일러 Tip

'sale'은 '판매', '매매'라는 의미지만 한국에서 주로 쓰는 '재고정리 판매'라는 뜻도 있어요. 장사하시는 분들이라면 오늘의 표현에서 'pork belly' 대신 그 자리에 다양한 물건이나 상품을 넣어 표현할 수 있겠죠? 근데 삼겹살이나 떡볶이, 떡갈비 등 한국의 고유한 음식 이름은 영어로 바꾸지 않아도 돼요. '삼겹살'은 한국에서만 먹는 거니 'We are having a sale on 삼겹살.'이라고 표현하는 게 더 자연스러울 수 있어요.

삼가 고인의 명복을 빕니다.

바로 듣기

외국인 동료의 아버지가 돌아가셨다는 부고를 받았는데 영어로 어떻게 위로해줘야 할지
잘 모르겠어요. 타일러! 도와주세요!

 축하와 감사의 표현엔 익숙한데 이런 표현은 생각해보지
못했네. 그냥 'I'm so sorry.'라고 해주면 안 될까?

 좋아요. 'I'm sorry.'는 '유감입니다.'나 '안됐군요.'란
의미도 가지니까요. 근데 좀 더 살을 덧붙여볼까요?

 SNS에서 'R.I.P'을 많이 봤어. 'Rest in peace.'

 얼굴을 보거나 말로 직접 위로하고 싶을 때는 이 표현을
안 쓰는 게 좋아요. 그냥 마음을 전해보세요.

 'I'm so sorry. I here about that.(정말 유감이야. 그
얘기 들었어.)'

 진심이 담겼다면 나쁘지 않아요. 그런데 한국어의 '삼가
고인의 명복을 빕니다.'처럼 영어에도 정해져 있는 표현이
있답니다.

▶▶ 그래서, 타일러가 준비한 표현은?

135

509

I'm sorry for your loss.

---

* **해석**   (소중한 것을) 잃은 당신에게 유감을 표합니다.

Check!

* I'm sorry – 유감이다
* your loss – 당신의 상실

타일러 Tip

철업디가 시도한 'R.I.P'는 라틴어 'Rest in peace'의 줄임말이에요. 오래전 유럽 사람들이 세상을 뜨면 묘비에 새기는 말이었죠. SNS에서는 이 'Rest in peace'를 줄여서 'R.I.P'라 쓰곤 하는데, 진심이 담겨 있다는 느낌을 주진 않기 때문에 그리 성의 있는 표현이라 할 수 없어요. 그러니 개인적으로 연락하거나 얼굴을 보고 위로해야 하는 상황에선 꼭 오늘의 표현을 사용해보세요.

케첩을 부탁했는데 감감무소식이네요.

바로 듣기

해외여행을 가서 식당에서 밥을 먹던 중 웨이터에게 케첩 좀 갖다달라고 부탁했는데 끝내 못 받았어요. 도대체 어떻게 된 건지 궁금했지만 영어로 말하기가 너무 어려웠어요.

'I order ketchup, but no news for long time.
(케첩을 주문했지만, 오랫동안 소식이 없네요.)'

그렇게까지 표현하진 않을 것 같은데요? 좀 과해요.

사실 번역기에 '감감무소식'을 쳐보니 'No news for long time'이라고 나와서 한번 써본 거였어. 다시 해볼게. 'I order ketchup, but they didn't bring it yet.(케첩을 주문했는데, 아직 안 가져왔어요.)'

케첩이 안 온 건 웨이터가 까먹었기 때문이겠죠?

'I order ketchup, they forgot.(케첩을 주문했는데, 잊어버리셨네요.)'

아주 좋아요. 필요한 단어와 포인트를 잘 잡아냈어요.

▶▶ 그래서, 타일러가 준비한 표현은?

They forgot about my ketchup.

＊해석 그들이 내 케첩을 잊었네요.

Check!

* forgot(forget의 과거형) - 잊었다
* ketchup - 케첩

타일러
Tip

'감감무소식'이라는 어려운 말을 그대로 직역할 필요는 없어요.
주문했는데 안 갖다준다는 건 까먹었다는 뜻이니 대부분의
경우 이렇게 표현하면 돼요. 이번 기회에 예전에 진미영에서
배운 식당 관련 표현들도 한번 복습해볼까요?

- What's good here? = 여기 추천 메뉴가 뭔가요?
- Is the 김밥 on its way? = 김밥이 나오는 중인가요?
- Is this authentic Italian pizza? = 이게 진짜 이탈리아식
  피자인가요?

- 커닝하지 마세요.

- 빨간색으로 염색해주세요.

- 삭신이 쑤셔요.

- 세월 앞에 장사 없단다.

- 시간 때우기에 딱 좋아요.

- 액체류는 배송이 안 돼요.

- 가격이 좀 올랐어요.

- 아.나.바.다 운동

- 식곤증이 왔어요.

- 프리 사이즈예요.

- 다수결로 해요.

- 이제 좀 감 잡았어요.(일이 익숙해졌어요.)

- 삼겹살 세일 중이에요.

- 삼가 고인의 명복을 빕니다.

- 케첩을 부탁했는데 감감무소식이네요.

- Don't cheat.

- Please dye my hair red.

- Oh my God, I'm so sore.

- Everyone gets old.

- It's great for killing time.

- We can't ship liquids.

- The price went up.

- Reduce, Reuse, Recycle.

- I'm in a food coma.

- One size fits all.

- Let's vote, majority rules.

- I got the hang of it.

- We are having a sale on pork belly.

- I'm sorry for your loss.

- They forgot about my ketchup.

난 전성기가 지났어.

바로 듣기

주말마다 조기축구를 하는 40대인데 몸이 예전 같지 않네요. 전성기가 지난 거겠죠? 이 말을 했더니 어느 대학생 회원이 'spring chicken' 어쩌고 하던데 정확한 표현을 알고 싶어요.

 'spring chicken'은 나도 잘 모르니 다른 표현을 해볼게. 'I'm too old, it has fast my heyday.(난 너무 늙었어, 내 전성기는 너무 빨라).'

 'heyday'라는 단어가 '전성기', '한창때'란 뜻이긴 하죠. 근데 지금의 나를 그때의 나와 비교해보는 표현은 어떨까요? 예전에 축구할 때는 날아다녔지만 지금은 힘들다는 거잖아요.

 'This isn't me, but I'm good long long ago.(이건 내가 아니야. 하지만 아주 예전에 나는 좋았어.)'

 무슨 말을 하려는지는 알겠는데, 문법에 맞지는 않아요.

▶▶ 그래서, 타일러가 준비한 표현은?

141

I'm not what I used to be.

---

* **해석**   나는 예전의 내가 아니에요.

* I'm not ~ - 나는 ~이/가 아니다
* what I used to be - 예전의 내가

타일러
Tip

오늘의 표현은 '지금의 내 능력이 과거의 내 능력만 못하다.',
'내가 예전에 했던 그게 지금은 아니다.'란 의미예요. 이
표현을 살짝 응용해 'I'm not as fast as I used to be.(저는
예전만큼 빠르지 않아요.)'와 같은 비교급으로 쓸 수도 있어요.
'fast'의 자리에 여러 단어를 넣어보면 되겠죠?
또 청취자 분이 말한 'spring chicken'은 '햇병아리'나
'풋내기', 혹은 '어리고 활기차다'란 뜻이라 어떻게 보면
전성기를 의미할 수도 있어요. 하지만 70~80대 어른들이 쓸
것 같은 말이에요. 매우 오래된 고어 같은 표현인 거죠. 요즘은
거의 사라졌으니 오늘 제가 알려드린 표현으로 공부해보세요.

뜬눈으로 밤을 보냈어요.

바로 듣기

아이가 밤새 열이 나서 간호하느라 뜬눈으로 밤을 샜어요. 이제 좀 나아져 한시름 놨는데, 이 표현을 영어로 배우면서 마음 좀 추스르고 싶어요.

 밤을 샜다는 표현은 미국 드라마에서 많이 봤어. 여러 가지가 떠오르는데 하나씩 시도해볼게. 'I stayed up all night.(난 밤을 샜어.)'

 아주 좋아요. 근데 오늘 상황에 맞는 표현엔 걱정하며 밤을 샜다는 의미가 들어가야 해요.

 졸리면 눈을 계속 깜박거리잖아. 근데 밤을 샜다는 건 계속 눈을 뜨고 있었다는 거니까 'I couldn't sleep a wink.(나는 눈 깜빡하지 못하고 밤샜어.)'

 오~ 멋진 표현인데 역시 오늘 상황과는 조금 안 맞아요.

 마지막 시도! 'I pulled an all night.(나는 밤을 샜어요.)'

 철업디가 시도한 세 가지 표현 모두가 좋지만, 뉘앙스 면에서 오늘 상황과는 좀 차이가 있네요.

▶▶ 그래서, 타일러가 준비한 표현은?

143

I was up all night.

---

* **해석**　　나는 밤새도록 깨어 있었어요.

* be up - 잠 자지 않고 깨어 있는 상태
* all night - 밤새도록

오늘 철업디가 시도한 표현들의 뉘앙스가 어떻게 조금씩
다른지 알려드릴게요.

* I stayed up all night.
  : 나에게 잠을 안 자려는 의지가 있고(놀기 위해서, 드라마
    정주행을 위해서 등), 그 의지 때문에 밤을 샜음.
* I couldn't sleep a wink.
  : 자려 했지만 불면증이나 소음 등으로 제대로 못 잤음.
* I pulled an all nighter.
  : 반드시 해야 할 업무나 일, 공부가 많아서 밤을 샜음.
* I was up all night.
  : 내 의지와 무관한 외부 요인 때문에 힘들게 밤을 샜음.

금방 다시 전화할게요.

바로 듣기

어느 예능 프로그램을 보니, 해외여행을 간 주인공들이 룸서비스를 시키려고 전화를 걸었다가 '금방 다시 전화할게요.'라는 말을 못해 'Call again!'이라고 하면서 허둥대더라고요. 올바른 영어 표현이 뭘까요?

 이건 호텔뿐 아니라 사무실이나 일상생활에서도 정말 자주 쓰는 말이잖아. 'Call back later.'

 그건 나중에 다시 전화를 걸어달라고 상대에게 말하는 표현이에요. 오늘의 표현은 내가 곧 전화를 걸겠다는 뜻이어야 하잖아요?

 'I'll call back soon.(곧 다시 걸게요.)'

 좋아요. 근데 'soon'보다는 더 빨리 걸겠다는 의미를 가진 단어가 좋겠죠? 금방, 곧바로 전화를 다시 하겠다고 말하고 싶은 거니까요.

▶▶ 그래서, 타일러가 준비한 표현은?

513

I'll call you back in a sec.

* **해석**   금방 다시 전화할게요.

* I'll call you back - 내가 당신에게 다시 전화하겠다
* in a sec - 아주 잠깐, 몇 초 후에

타일러 Tip

'sec'은 'second(초)'의 줄임말이라 'sec'의 자리에 'minute(분)'을 써도 돼요. 하지만 1분보다는 1초가 더 짧은 시간이니, 진짜 금방 전화하겠다는 의미를 전달할 수 있겠죠? 철업디가 시도한 'I'll call back soon.'은 머지않아 다시 전화하겠다는 뜻인데 '지금 현재'와는 다소 시간적인 거리를 가져요. 그리고 친구나 동료 등 이미 자신이 알고 있는 상대와 주로 쓰는 표현이죠. 그와 달리 호텔 직원 혹은 잘 모르는 사람과 통화하는 경우엔 오늘의 표현을 쓰거나 'Let me call you back.'이라고 하면 돼요. 좀 더 예의를 갖춘 정중한 표현이거든요.

더 바랄 것 없이
행복한 삶이었어요.

바로 듣기

제 목표가 자막 없이 외국 영화를 보는 건데, 오늘 본 영화에선 '더 바랄 것 없이 행복한 삶이었어요.'라는 자막이 나오더라고요. 실제 대사는 뭐였을지 궁금해졌어요.

영화에 많이 나오는 말 같아. 'I couldn't happier.(나는 더할 나위 없이 행복해.)'

좋아요. 제가 준비한 표현에도 그 단어들이 모두 들어가 있어요. 문장 길이를 조금만 늘려볼까요?

매번 줄이라는 말만 들었는데 늘리라고 하니 어렵네. 이렇게 한번 해볼까? 'I couldn't very happier, because…(나는 더할 나위 없이 행복해. 왜냐하면…)'

앗! 그렇게 이유를 다 붙이다 보면 끝도 없겠는데요?

▶▶ 그래서, 타일러가 준비한 표현은?

147

514

I couldn't have asked for a happier life.

＊ 해석　　(이보다) 더 행복한 삶을 요구할 순 없었을 거예요.

Check!

* ask for - 요구하다, 요청하다, 달라고 하다, 부탁하다
* happier(happy의 비교급) - 더 행복한
* life - 삶, 인생

타일러 Tip

'happier'는 'happy'의 비교급이에요. 또 청취자 분이 봤던 영화의 실제 대사가 뭐였는진 모르겠지만, 'ask for'의 과거형인 'asked for'를 넣은 건 행복한 삶을 바라고 요청한다는 뜻을 담기 위해서였어요.
오늘의 표현도 다양한 응용이 가능해요. 'I couldn't have asked for better friend.'라고 하면 '나는 더 나은 친구를 요청할 수 없었다.', 즉 '(당신은) 더 바랄 것 없는 최고의 친구였어요.'라는 의미가 되겠죠? 좋은 친구에게 꼭 한번 사용해보세요.

515

옆에 서서 먹어도 되나요?

바로 듣기

홍콩 여행을 계획 중인데 홍콩은 야시장과 길거리 음식의 천국이잖아요. 포장마차 같은 곳에 가서 주문한 뒤 옆에 서서 먹어도 되냐고 주인에게 물어보고 싶을 땐 어떻게 말해야 할까요?

 이건 그냥 가게 주인과 눈빛을 교환하거나 몸짓만 보여줘도 통할 것 같은데, 그래도 시도해볼게. 'Can I eat stand next you?(당신 옆에 서서 먹어도 될까요?)'

 좀 더 자연스러우려면 'Can I eat standing?(서서 먹어도 되나요?)'이라고 하는 편이 좋겠지만 사실 적절한 표현은 아니에요. 조금만 바꿔보세요.

 'Can I eat standing with you?(당신과 함께 서서 먹어도 될까요?)'

 하하하! 주인 분이 감동하겠는데요?

▶▶ 그래서, 타일러가 준비한 표현은?

515

Is it okay if I stand here and eat?

* **해석**   여기 서서 먹어도 괜찮나요?

Check!

* is it okay - 괜찮나요?
* if I stand here and eat - 여기 서서 먹는다면

타일러 Tip

'is it okay if ~'는 상대에게 먼저 양해를 구하는 것이 좋을 때
사용하는 표현이에요. 여러 상황에서 다음과 같이 다양하게
응용해볼 수 있죠.
- Is it okay if I leave earlier? = 먼저 떠나도 괜찮을까요?
- Is it okay if I pay later? = 나중에 돈을 내도 될까요?
또 흔히들 양해를 구할 때 'can I ~'를 쓰는데, 이것도 의미가
통하는 표현이에요. 오늘의 표현을 이런 형태로 바꿔보자면
'Can I stand here and eat?'이 되겠죠?

516

낮밤이 바뀌었어요.

바로 듣기

일이 너무 바빠서 낮과 밤이 바뀐 채 생활하고 있어요. 건강도 나빠지고 얼굴도 퀭해서 그런지 외국인 동료가 왜 그렇게 힘들어 보이냐고 묻던데, 영어로 대답해주고 싶어요.

 'It has changed day and night.(낮과 밤으로
변했어요.)'

 어색하네요. 다시 생각해보세요.

 타일러가 늘 직역하지 말라고 하니까 'day and night'는
빼볼게. 'Changed my routine.(내 일상을 바꿨어요.)'

 방향은 아주 아주 좋았어요. 근데 'routine'이 아닌 다른
단어를 생각해볼까요? 쉬운 단어가 있잖아요!

 'Changed my hormone.(내 호르몬을 바꿨어요.)'

 저런, 너무 멀리 갔네요.

▶▶ 그래서, 타일러가 준비한 표현은?

516

My schedule's all messed up.

* **해석**   제 스케줄이 모두 엉망이 됐어요.

Check!

* schedule - 스케줄, 계획, 일정
* messed up - 엉망진창이 되다, 망치다, 꼬이다

타일러 Tip

'messed up'은 엉망진창이 됐다, 꼬였다는 의미인데 여러 상황에서 사용할 수 있어요.

- My room's messed up. = 내 방이 엉망진창이 됐어요.
- That's messed up. = 그거 완전 꼬였어.

152

누구라고 전해드릴까요?

바로 듣기

저희 회사의 해외지사에서 전화가 왔는데, 담당자가 자리에 없어 제가 대신 받은 뒤 'He is not available now.'까지는 했어요. 근데 '누구라고 전해드릴까요?'가 영어로 뭔지 몰라 못 물어봤지 뭐예요. 알려주세요!

청취자 분이 'He is not available now.(그는 지금 자리에 없어요.)'라 했다는 것만으로도 대단한 것 같아! 그럼 '누구라고 전해드릴까요?'는 혹시 이거 아닐까? 'Where you calling from?(어디서 전화하신 건가요?)'

문법에 좀 더 맞는 건 'Where are you calling from?'인데, 이렇게 물으면 상대는 자신의 이름보다는 소속으로 답해줄 것 같아요.

'Excuse me, can I asked who you are?(실례지만 누군지 물어봐도 될까요?)'

아주 좋아요. 근데 좀 직설적이네요. 'Who you are' 대신 전화 용어로 살짝 바꿔보면 어떨까요?

▶▶ 그래서, 타일러가 준비한 표현은?

153

May I ask who's calling?

* **해석**   전화한 분이 누구신지 물어봐도 될까요?

* may I ask – 물어봐도 될까요?
* who's calling – 전화한 사람이 누구인지

일반적으로는 전화벨이 울려서 받자마자 'Hello, who's calling?(여보세요, 누구시죠?)'라고 곧바로 물어보곤 해요. 하지만 오늘의 표현은 상대방과 간단한 대화를 나눈 상황에서 쓰는 편이 자연스러워요. 다음 대화에서처럼 말이죠.

A : Hello~(여보세요)

B : Can I speak to 철업디?(철업디와 통화할 수 있을까요.)

A : I'm sorry, He is not available now. May I ask who's calling?(죄송하지만 지금 자리에 안 계세요. 전화하신 분이 누구신지 물어봐도 될까요?)

B : Oh, I'm 타일러.(아, 저는 타일러예요.)

A : Can I take message?(메시지 남겨드릴까요?)

518

넌 나한테 뭐 해줄 건데?

바로 듣기

딸 생일이라 딸이 받고 싶어 하는 선물을 사줬어요. 근데 순간 괜히 심술이 나서 '넌 나한테 뭐 해줄 건데?'라고 묻게 되더라고요. 혹시 미국 아빠들도 이럴까요? 영어 표현이 궁금해요.

'What can you give me?(넌 나한테 뭘 줄 수 있어?)'

나쁘진 않지만, 'give'를 쓰면 어떤 '물건'을 선물해줄 건지를 묻는 말이 돼요. 딸이 서프라이즈 파티를 해줄 수도 있고, 편지나 안마를 해줄 수도 있을 텐데 말이에요.

'What do you wanna to do for me?(나를 위해 넌 뭘 해주고 싶어?)'

필요한 표현은 잘 떠올렸어요. 근데 상대의 의향이 아니라 뭘 해줄 수 있는지를 묻는 질문이 되어야겠죠?

▶▶ 그래서, 타일러가 준비한 표현은?

155

What are you going to do for me?

* **해석**　　나를 위해 무엇을 해줄 건가요?

Check!

* what are you going to do? - 당신은 무엇을 할 건가요?
* for me - 나를 위해

타일러 Tip

만약 '생일 선물'로 뭘 해줄 거냐고 정확하게 묻고 싶다면 오늘의 표현을 이렇게 응용할 수 있어요.

- What are you going to do for my birthday?
  = 내 생일날 뭐 해줄 거야?
- What are you going to do for your friend's birthday? = 네 친구 생일날 뭐 해줄 거야?

또 'What are you going to do ~?'는 상대의 계획을 물을 때에도 자주 사용되는 표현이에요. 'What are you going to do today?(오늘 뭐할 거야?)', 'What are you going to do from now on?(앞으로 뭐할 거야?)'처럼요.

넌 참 손이 많이 가네.

바로 듣기

정신없고 덜렁대는 친구가 하나 있는데 만나면 너무 피곤해요. 제가 다 챙겨줘야 하거든요. 한마디로 손이 참 많이 가는 친구인데, 영어로 말해주면서 잔소리 좀 해야겠어요.

손이 많이 간다는 건 내가 해줘야 할 일이 많다는 거잖아. 'Too much care about you.(너에 대한 지나친 관리.)'

부자연스러워요. 한국어 표현에서 '손이 많이 간다.'라는 비유를 쓴 것처럼, 이 뜻의 영어 표현에서도 비유를 사용해요. 자동차나 기계 쪽으로요!

'mechanic(정비, 기계학)'을 말하는 거지? 근데 그 단어는 어려우니까 내 식으로 해볼게. 'You dry me crazy.(넌 나를 미치도록 말라버리게 해.)'

오, 순발력이 좋았어요! 근데 오늘의 표현과는 거리가 좀 있어요. 사실 좀 어려울 수도 있겠네요.

▶▶ 그래서, 타일러가 준비한 표현은?

157

You're really high-maintenance.

* **해석**   당신은 정말 엄청난 관리가 필요하네요.

Check!

* you're really - 당신은 정말
* high-maintenance - 자꾸 고장 나는, 세심한 관리가
  필요한

타일러 Tip

'high-maintenance'를 'mechanic' 분야에서 사용하면
'유지하는 데 많은 노력이 필요한', '관리보수가 잦은'이란
의미로 해석돼요. 하지만 오늘의 표현에서처럼 사람의
성격이나 특징에 빗대서 표현하면 '손이 많이 가는'이란 뜻을
갖죠.
반대말은 'low-maintenance'라고 할 수 있어요. '손이 많이
안 가는', '관리가 필요 없는'이란 뜻이에요. 아이들 중엔 유독
순해서 손이 안 가는 타입들이 있는데, 그럴 때 비유적으로 쓸
수 있답니다.

520

너무 기대하진 마.

바로 듣기

다이어트를 결심하고 운동과 식이요법을 병행 중인데 생각보다 쉽지 않네요. 살 뺄 거라고 친구들에게 괜히 큰소리친 것 같아서, 너무 기대하진 말라고 말해주고 싶어요. 이왕이면 영어로요~

'Do not too much expectations.(너무 많이 기대는 하지 마.)'

'expectation(기대)'라는 단어는 노래 가사에도 많이 등장하지만, 사실 딱딱하고 격식을 차린 표현이에요. 좀 더 자연스럽고 쉬운 단어로 바꿔보세요.

'기대하다'라는 단어로는 'expect'만 외운 것 같은데…
'Do not expect.(기대하지 마.)'

나쁜 표현은 아니에요. 근데 기대를 한다는 건 희망을 가진다는 뜻이 아닐까요?

▶▶ 그래서, 타일러가 준비한 표현은?

159

Don't get your hopes up.

---

* **해석**　　너무 기대하진 마세요.

Check!

* get hopes up – 잔뜩 기대하다, 기대를 끌어올리다

타일러
Tip

'hope'에는 '희망을 가지다' 외에도 '기대하다', '바라다'란
의미가 있어요. 오늘의 표현을 직역하면 '기대를 끌어올리지
마.'니까, 기대하지 말라는 뜻이 되죠.
이 표현에는 '김칫국부터 마시지 마.'란 경고의 의미도 담겨
있어요. 기대가 크면 그만큼 실망도 크기 마련이니까요. 대화
중에는 다음과 같이 쓸 수 있어요.

A : I'm so excited!(나 너무 설레!)
B : Well, don't get our hopes up.(글쎄, 너무 기대하진 마.)

160

521

도무지 감이 안 잡혀요.

바로 듣기

도자기 체험을 하러 갔는데 생각처럼 잘 만들 수가 없더군요. 선생님의 설명을 들어도 도무지 감이 안 잡혀서 엄청 고생했어요. 거기엔 외국인 관광객도 많았는데 제 기분을 영어로 설명해주고 싶었어요.

 운동에서든 일에서든 공부에서든, 모든 게 감이 안 잡힐 때가 있지. 느낌이 안 온다는 의미니까, 'I don't feel anything.(난 어떤 것도 느껴지지 않아.)'

 그렇게 말하면 아마 상대는 어디가 아프냐고 물을 거예요. 'I don't feel.'은 몸이 아프다는 의미거든요. 'sick'의 뜻이 들어 있는 거죠. 그러니 감이 잡힌다, 안 잡힌다… 이쪽으로 생각해보세요.

 'I can't catch.(나는 못 잡겠어요.)'? 아, 예전에 배웠던 표현을 써볼 수도 있겠네. 'I can't hang on it.(나는 매달릴 수가 없어요.)'

 오, 'hang'을 떠올린 건 아주 좋았어요!

▶▶ 그래서, 타일러가 준비한 표현은?

521

I can't seem to get the hang of it.

---

* 해석   나는 도무지 감을 잡을 수가 없어요.

Check!

* I can't seem to ~ - 나는 ~할 수 없을 것 같다
* get the hang of ~ - ~의 요령을 터득하다

타일러 Tip

'get the hang of (something)'은 '이해하다', '요령을 터득하다', '할 수 있게 되다', '능력을 습득하다'란 의미에요. 한마디로 감을 잡는다는 뜻이죠. 얼마 전에 배운 'I got the hang of it.(이제 좀 감 잡았어요)'이 기억나시나요? 오늘의 표현 중간에 들어간 'seem to ~'는 '~한 것 같다'란 뜻이에요. 정확히는 잘 모르겠지만 내 추측으론 어쨌든 그런 것 같다는 의미죠.

- You seem to be happy. = 너 행복한 것 같아.
- He seems to be a good doctor. = 그는 괜찮은 의사인 것 같아.

162

522

멍 때리고 있었어요.

바로 듣기

저는 멍 때릴 때가 많아요. 그래서 동료들과의 대화에도 종종 집중하지 못하곤 하죠. 그럴 때마다 멍 때리는 중이었다고 설명해주고 싶은데, 영어에도 이 표현이 있을까요?

 멍 때린다는 건 딴 생각을 하고 있었다는 거잖아. 'Oh sorry, I was zone out.(미안해요, 난 멍 때렸어요.)'

 아주 좋아요. 'zone out'이 바로 '멍 때린다'에 해당하죠. 근데 한 단어만 살짝 바꾸면 더 좋을 것 같아요.

 'I was zone out for a sec.(나는 잠깐 멍 때렸어요.)'

 시제를 좀 더 고민해볼까요? 과거부터 조금 전까지 쭉 멍 때리고 있었다는 거잖아요?

▶▶ 그래서, 타일러가 준비한 표현은?

163

I was zoning out.

* **해석**　　나는 멍 때리고 있었어요.

* zone out - 멍 때리다, 정신을 놓다

타일러 Tip

'zone'은 '구역', '지역'을 의미하니 'zone out'이라고 하면
구역을 나가버렸다는 뜻이겠죠? 즉, '정신이 나가 있다', '내
머릿속의 다른 곳에 가 있다'란 뜻이 되는 거예요.
오늘의 표현은 [was/were + ~ing], 다시 말해 '~하고
있었다', '~하는 중이었다'란 의미를 갖는 과거진행형을 써야
자연스러워요. 과거부터 멍 때리는 상태가 쭉 진행되다가
갑자기 끊긴 것이니까요. 과거형과 과거진행형이 갖는
의미상의 차이는 다음의 예문들에서 알 수 있을 거예요.

* I watched a drama. = 나 드라마 봤어.(과거의 어느 순간에
　드라마를 봤다는 뜻)
* I was watching a drama. = 나 드라마 보고 있었어.
　(과거부터 조금 전까지 봤다는 뜻)

523

한국은 여름에 완전 찜통더위야.

바로 듣기

중국에서 유학할 때 다양한 외국 친구들을 만났는데, 그중 한 명이 8월에 한국에 놀러 오겠다고 하네요. 한국의 여름은 그야말로 찜통더위란 걸 설명해주고 싶어요.

'Korea summer is very very hot and moisture. (한국 여름은 매우매우 덥고, 수분기가 있어.)'

습하다는 걸 표현하고 싶었죠? 다른 표현을 찾아보세요.

그럼 영어 공부할 때 배운 걸 써볼게. 한국의 여름이 고온다습하다는 거니까 'Sticky and muggy summer here in Korea.(이곳 한국의 여름은 끈적끈적하고, 매우 습해요.)'

좋아요! 'sticky(끈적거리는)'와 'muggy(무더운)'을 잘 떠올렸네요. 'Summer in Korea is sticky and muggy.'라고 하면 좀 더 자연스러울 거예요.

▶▶ 그래서, 타일러가 준비한 표현은?

165

Korea is super humid in the summer.

*** 해석**　한국은 여름에 매우 습해요.

* super humid - 엄청나게 습한
* in the summer - 여름에

타일러
Tip

'초강력', '초특급'처럼 한국어에선 '초-'라는 접두사가 흔히
사용되는데, 영어에선 'super'가 이 '초-'에 해당해요.
'humid'는 '습기 있고 눅눅하다'란 뜻인데 그 안에는 덥다는
의미도 포함되어 있어요. 물론 덥고 습하다는 걸 좀 더
정확하게 표현하고 싶을 땐 'Korea is super hot and humid
in the summer.'이라고 해주면 되겠죠?
오늘의 표현은 'humid' 대신 다양한 단어를 넣어 응용해볼
수 있어요. '철파엠 is super fun. (철파엠은 초특급으로
재밌어요.)'처럼요!^^

(비밀연애하는 커플에게)
너희, 다 티 나.

바로 듣기

하품과 가난, 사랑은 숨길 수 없다고 하잖아요. 저희 팀에도 비밀연애를 하는 사내 커플이 있는데 다 티가 나요. 대놓고 말하긴 그러니 티 난다는 말을 영어로 슬쩍 건넬 수 있을까요?

 티가 난다는 건 눈에 다 보인다는 거니까… 'I can see you.(난 너를 볼 수 있어.)'

 하하! 귀엽네요. 근데 그렇게 쓰면 안 돼요.

 'I can read your mind.(난 네 마음을 읽을 수 있어.)' 이것도 어색하지?

 '티 나다'란 뜻의 영어 단어가 있어요. 좀 어려울까요?

▶▶ 그래서, 타일러가 준비한 표현은?

You are so obvious.

* **해석**   당신들은 너무 빤해요.

* you are so ~ - 당신(들)은 너무 ~하다
* obvious - 뻔한, 명백한, 티가 나는, 노골적인, 훤히
  들여다보이는

오늘의 표현에 사용된 'you'는 복수형이라서 '당신들'로
해석해야 해요. 또 'obvious'라는 단어 자체에 '티 나다'란
의미가 포함되어 있으니 이 문장을 통째로 외워두시는 게
좋아요.

이슬비가 내려요.

바로 듣기

저는 비 오는 날을 좋아해요. 빗소리도 좋고, 그런 날 먹는 파전과 막걸리도 좋거든요. 우리말엔 비를 지칭하는 명사가 많은데 영어는 어떤가요? 이슬비가 내린다는 것도 영어로 표현이 가능할까요?

 '이슬비'는 안개처럼 아주 적게 내리는 비를 말하잖아. 그러니 'It rains little smaller.(비가 적게 내려요.)'이나 'It rains little bit.(비가 조금 내려요.)'라 하면 어떨까?

 비의 모습을 표현할 때 영어에선 대개 동사로 구분해서 얘기해요. 그러니까 반드시 언급해야 하는 상황이 아니라면 굳이 'rain'을 넣을 필요가 없어요.

 이슬비가 내리면 촉촉하게 젖으니까 'It's moisture. (습기 가득해.)'

 습한 날씨를 표현할 때에도 그렇게 시도하시더니, 'moisture'를 많이 좋아하시나 봐요.^^

▶▶ 그래서, 타일러가 준비한 표현은?

It's drizzling.

---

* **해석**   이슬비가 내리고 있어요.

* drizzle – 이슬비, 가랑비, 보슬비

타일러 Tip

비가 내리고 있다고 설명할 때 'rain'을 넣으려는 사람들이
많아요. 그래서 'It rains drizzling.'이라 해야 하는 게
아니냐고 하는데, 이건 매우 어색해요. 오늘의 표현에서 알 수
있듯, 'rain'이란 단어 없이 그냥 비가 내리는 상황을 설명하는
것만으로도 충분히 의미가 통하거든요. 'drizzle'이 아닌
'drizzling'이라는 현재진행형을 사용한 건 지금 비가 내리고
있다는 이야기를 하기 위해서랍니다.
그 외 비와 관련된 몇몇 표현을 소개해드릴게요.

소나기(잠깐 세차게 내리다 그치는 비)	shower
폭우	torrential rain
여우비 (오락가락하는 비)	(It's) raining off and on.

170

- 난 전성기가 지났어.

- 뜬눈으로 밤을 보냈어요.

- 금방 다시 전화할게요.

- 더 바랄 것 없이 행복한 삶이었어요.

- 옆에 서서 먹어도 되나요?

- 낮밤이 바뀌었어요.

- 누구시라고 전해드릴까요?

- 넌 나한테 뭐 해줄 건데?

- 넌 참 손이 많이 가네.

- 너무 기대하진 마.

- 도무지 감이 안 잡혀요.

- 멍 때리고 있었어요.

- 한국은 여름에 완전 찜통더위야.

- (비밀연애하는 커플에게) 너희, 다 티 나.

- 이슬비가 내려요.

- I'm not what I used to be.

- I was up all night.

- I'll call you back in a sec.

- I couldn't have asked for a happier life.

- Is it okay if I stand here and eat?

- My schedule's all messed up.

- May I ask who's calling?

- What are you going to do for me?

- You're really high-maintenance.

- Don't get your hopes up.

- I can't seem to get the hang of it.

- I was zoning out.

- Korea is super humid in the summer.

- You are so obvious.

- It's drizzling.

526

재채기는 가리고
해주세요.

바로 듣기

비염 때문에 재채기를 심하게 하는 동료가 있는데, 가끔은 침이 튀어서 불쾌해져요. 영어 표현을 알려주는 척하면서 재채기는 가리고 하라고 말해주고 싶네요.

 재채기가 'sneeze'잖아. 맞지? 'Excuse me, hide your sneeze.(실례지만, 재채기는 숨겨주세요.)'

 'hide(감추다, 숨기다)'를 쓰다니 참신하네요. 손으로 가리는 행동을 나타내는 단어로 바꿔보는 게 좋을 것 같아요.

 그냥 김영철 스타일로 말해볼게. 'Excuse me, I don't want your sneeze.(미안한데, 난 너의 재채기를 원하지 않아.)'

 오, 아예 재채기를 하지 말라는 거군요? 보고 싶지 않으니까!

▶▶ 그래서, 바일러가 준비한 표현은?

173

Please cover your nose when you sneeze.

＊ 해석　당신이 재채기를 할 땐 코를 가려주세요.

Check!

＊ cover your nose - 당신의 코를 가려주세요
＊ when you sneeze - 당신이 재채기를 할 때

타일러 Tip

재채기 자체는 참을 수도, 막을 수도 없지만 주변 사람들을
위한 배려는 최대한 해야겠죠? 한국에선 옷소매로 입을
가리라고 설명하는데 영어로는 'cover your nose.(코를
가려요.)'라고만 해도 뜻이 통해요.
'sneeze(재채기)'를 하는 누군가를 보면 '(God) Bless
you!'를 써야 한다고 진미영에서 배웠죠? 근데 'burp(트림)',
'yawn(하품)', 'fart(방귀)', 'hiccup(딸꾹질)' 등 다른 생리
현상과 관련해 '(God) Bless you!'를 쓰면 마치 비꼬는
것처럼 들릴 수 있으니 주의하세요.

계산은 자리에서 하나요, 나갈 때 하나요?

바로 듣기

각 나라나 식당에 따라 주문하는 방법이 다르잖아요. 계산도 테이블에서 하는 경우가 있는가 하면 나갈 때 카운터에서 하기도 하는데, 그중 어느 쪽인지 영어로 어떻게 묻나요?

우선 이렇게 풀어서 시도해볼게. 'Should I pay here right now or after eating?(여기서 당장 계산해야 하나요, 아니면 식사 후에 하나요?)'

철업디의 표현은 언제 계산을 하면 되는지, 즉 '시점'에 대한 질문이네요. 지금인지, 밥을 먹고 난 다음인지를 묻는 거죠. 근데 오늘의 상황에선 계산하는 장소, 다시 말해 '공간'에 초점을 맞춰 물어봐야겠죠?

'Should I pay here or at the door?(계산은 여기서 하나요, 문 앞에서 하나요?)'

와아, 좋아요! 굉장히 자연스럽고 맞는 표현이네요. 팡파레 울려드릴게요!

▶▶ 그래서, 타일러가 준비한 표현은?

175

Do we pay at the table or the door?

* **해석**　계산은 테이블에서 하나요, 문 앞에서 하나요?

Check!

* pay – 지불하다
* at the table – (식사 중인) 테이블에서
* (at) the door – 문 앞에서

타일러
Tip

철업디가 시도한 표현도 좋았던 것처럼, 위의 표현만이 정답인 건 아니니 다양하게 생각해보세요.
오늘의 표현에서 'or' 이하의 부분을 아예 빼고 '계산은 문 앞에서 하나요?'라 묻고 싶을 땐 'Do we pay at the door?'라고 하면 돼요. 식당에 갔을 때 남들이 계산이나 주문 등을 어떻게 하는지 눈치껏 살펴본 후 응용해서 말해보세요.

어젯밤 꿈에 BTS가 나왔어요.

바로 듣기

딸과 함께 BTS에 푹 빠져 사는 엄마입니다. 근데 어젯밤 제 꿈에 BTS가 나왔지 뭐예요! 딸에게 자랑도 하고, 영어공부도 할 겸 이 표현을 배우고 싶어요.

 'BTS was my dream yesterday.(BTS는 어제 나의 꿈이었어.)'

 어제 낮에 꿈을 꾸셨나 봐요?

 그럼 'yesternight'을 써볼까?

 물론 'yesternight'가 '간밤에'라는 뜻의 단어긴 한데, 고어 같은 느낌이라 요즘엔 잘 안 써요.

 아! '지난밤에'니까… 'BTS was my dream at last night.(어젯밤에 BTS가 꿈에 있었어요.)'

 전치사가 제자리를 찾지 못했네요. 영어에서 전치사 붙이는 게 좀 이럽긴 하죠?

▶▶ 그래서, 타일러가 준비한 표현은?

177

528

BTS was in my dream last night.

* **해석**   어젯밤 제 꿈에 BTS가 나왔어요.

Check!

* in my dream – 내 꿈속에
* last night – 어젯밤, 지난밤

타일러 Tip

오늘의 표현에선 'dream'을 복수형인 'dreams'로 써도 돼요.
또 BTS가 문장 앞이 아닌 뒤쪽에 오게 해서 쓸 수도 있죠.
'I had a dream last night about BTS.(나는 어젯밤에
BTS에 대한 꿈을 꿨어요.)'라고요. BTS 대신 그 자리에 다양한
대상을 넣어서도 응용해보세요.

- You were in my dream last night. = 어젯밤 내 꿈에
  네가 나왔어.
- A pig was in my dream last night. = 어젯밤 내 꿈에
  돼지가 나왔어.

우리는 냉전 중이에요.

바로 듣기

회사 동료와 말다툼을 하고 냉전 중이에요. 외국인 동료가 둘 사이가 예전 같지 않다며 무슨 일이 있냐고 묻던데, 냉전 중이라고 설명해주고 싶었어요.

 신문을 보면 '냉전'이라는 단어가 종종 나오지. 'We are cold war now.(우린 지금 냉전이야.)'

 '냉전'을 'cold war'라고 표현하는 건 맞지만 오늘의 상황 같은 맥락에선 좀 어색해요.

 'We are arguing now.(우리는 지금 논쟁 중이에요.)'

 'argue'가 '논쟁하다', '논의하다'란 뜻이긴 한데, 둘이 말을 섞는 사이여야 논쟁도 하겠죠? 청취자 분은 지금 동료와 아예 말을 안하고 있으니 'argue'와 좀 안 맞아요.

 'We are battle now.(우린 지금 전투 중이야.)'

 와우, 그건 몸싸움까지 해야 할 것 같은데요?

▶▶ 그래서, 타일러가 준비한 표현은?

529

We are not on speaking terms.

* **해석**   우리는 지금 말하는 사이가 아닙니다.

Check!

* on ○○○ terms - ○○○하기로 한 관계(계약 관계를 비유적으로 쓰는 말)

타일러 Tip

'terms'는 단어 자체에 'deal(거래하다)'의 느낌이 담겨 있어요. 그래서 'on speaking terms'는 '서로 말해도 된다는 조건이 성립되어 있다.', '계약서에 서로 대화를 나눠도 된다는 조항이 있다.'란 뜻이 되는 거죠. 'on speaking terms(말하는 사이로)'를 'on bad terms(나쁜 사이로)', 'on visiting terms(서로 왕래하는 사이로)' 등으로도 응용해볼 수 있겠죠?

180

530

저는 다저스의 골수팬이에요.

바로 듣기

원어민 선생님과 대화를 하던 중 선생님도 야구를 좋아한다는 걸 알았어요. 저는 LA 다저스의 골수팬인데, 그저 보통의 팬이 아닌 골수팬이라는 건 어떻게 표현할 수 있을까요?

 '골수팬'은 뼛속까지 팬이라는 의미잖아. 'I'm big fan of the LA Dodgers.(전 LA 다저스의 엄청난 팬이에요.)'

 나쁘진 않지만 정말 정말 열성팬이라는 느낌까지 전달되진 않아요.

 'I'm huge fan of the LA Dodgers.(전 LA 다저스의 열렬한 팬이에요.)'

 'big fan'보다 'huge fan'이 조금 더 열렬하다는 느낌을 주긴 하네요.

▶▶ 그래서, 타일러가 준비한 표현은?

181

I'm a diehard Dodgers fan.

* **해석**　　저는 다저스의 완전 열렬한 팬입니다.

* diehard – 끝까지 버티는, 완고한
* fan – 팬

타일러
Tip

열렬함의 강도를 따져보면 'fan' < 'big fan' < 'huge fan' < 'diehard fan'의 순서가 될 것 같네요.
'diehard(다이하드)'는 브루스 윌리스(Bruce Willis)가 주인공인 영화의 제목으로도 여러분께 익숙하겠죠? 이 단어는 '굉장히 어렵게 죽다'란 뜻을 가져요. 죽을 만큼 노력하고, 죽기 직전까지 가는 과정을 묘사하는 단어죠. 그래서 'I'm a diehard ○○ fan'이라고 하면 '○○에 대해 나보다 더 열성적인 팬은 없을 것'이란 느낌을 준답니다.

531

제발 시간 좀 지켜줘.

바로 듣기

외국인 동료가 시간 약속을 안 지켜요. 사적으로 만날 때도 그렇지만 서류 제출하는 시간도 어길 때가 많은데, 경고의 의미로 따끔하게 한마디 해주고 싶어요.

 'Keep the time.(시간을 보존하세요.)'

 많이 어색하네요. 시간을 지키라는 건 정시에 오라는 뜻이니 그 방향으로 생각해보세요.

 '정시'에 대해 배웠던 적이 있긴 하지. 'in time'과 'on time'이 헷갈리긴 하지만 그래도 시도해볼게. 'Don't be late, please be on time.(늦지 말고 제발 제시간에 와줘요.)'

 아주 좋았어요! 팡파레 울려드릴게요!

▶▶ 그래서, 타일러가 준비한 표현은?

183

Please, be on time.

* **해석**   제발 제시간에 맞춰주세요.

* be on time - 제시간에 맞추다

타일러
Tip

철업디가 한 것처럼 'Don't be late.(늦지 마세요.)'를 먼저
써주거나, 오늘의 표현으로만 말해도 알아들을 거예요. 참고로
'Make sure you're on time.(제시간인지 확실히 하세요.)'라
해도 좋아요.
철업디처럼 'in time'과 'on time'의 차이를 헷갈려하시는
분들이 꽤 계실 거예요. 'in time'은 '음악 박자에 맞춰', 즉
박자를 맞추듯 시간에 맞춘다는 뜻이에요. 'on time'은 시간을
어기지 않는, 다시 말해 '제시간에'란 뜻이고요.

- We arrived in time to get good seats. = 우린 좋은
  좌석을 위해 제시간에 도착했어요.
- Only one of six trains has been on time. = 여섯 대의
  기차 중 한 대만 제시간에 도착했어요.

532

참 뜬금없네요.

바로 듣기

주제나 흐름에 상관없이 엉뚱한 말을 하는 사람에게 뜬금없다고들 하잖아요. 제 동료 중에도 그런 사람이 있어서 '너 참 뜬금없다.'라는 말을 해주고 싶은데 영어로도 가능할까요?

 '<mark>You are out of the ordinary.</mark>(너는 보통 사람이 아니야.)'

 오늘의 상황과는 맥락이 완전히 다르네요. 뜬금없다는 건 무슨 뜻일까요?

 주제에 안 맞는 대화를 자꾸 한다는 거잖아. '<mark>You're out of charting</mark>(너는 차트 밖이야.)'

 그것도 의미 면에서 안 맞아요. 안타깝네요. 쉬운 단어가 있는데…!

▶▶ 그래서, 타일러가 준비한 표현은?

185

That's so random.

* **해석**   너무 무작위예요.

* random - 무작위

'random'으로 뽑기를 하면 뜬금없는 게 걸리기도 하죠?
오늘의 표현은 'random', 즉 무작위로 아무 얘기나 한다는
느낌이에요. 보통 누군가 뜬금없는 얘기를 꺼내면 'Okay,
that's random. Anyways…(그래, 참 뜬금없네.
어쨌거나…)' 이렇게 말한답니다.

후회 없이 살자.

바로 듣기

제 좌우명은 '후회 없이 살자.'예요. 그래서 영어 공부도 후회 없이 열심히 하고, 배운 건 가능한 한 사용해보려는 노력도 하죠. 제 좌우명을 영어로 적어 책상 앞에 붙여두고 싶어요.

청취자 분은 혹시 'No regret!'이라고 하면 안 되냐는 질문을 함께 해주셨어.

'후회는 없어!'라는 의미니까 그렇게 표현해도 좋아요. 철업디 생각은 어떤가요?

난 'You only live once.(당신은 오직 한 번만 살 수 있어요.)', 그러니까 'YOLO'라는 말도 '후회 없이 살자.'와 통한다고 생각해.

나쁘진 않지만 너무 유행을 타는 말이 아닐까요?

▶▶ 그래서, 타일러가 준비한 표현은?

Forget regret!

* **해석** 후회를 잊어버려!

* forget - 잊다
* regret - 후회, 유감

타일러
Tip

오늘의 표현을 직역하면 '후회를 잊어버려.'인데, 이 말은 곧
후회 따윈 생각하지 말라는 의미예요. 같은 뜻으로 오래전부터
전해 내려오는, 격언처럼 길게 쓰는 이런 표현도 있어요.
'Forget regret, or life is yours to miss.(후회는 잊어라.
그렇지 않으면 인생은 당신이 놓치는 것이다.)'
'No worries!(걱정 마세요!)'라는 표현을 함께 기억해두셔도
좋겠네요. 걱정을 하지 말라는 건 후회할 일을 하지 말라는
의미도 될 수 있으니까요.

534

끼리끼리 논다.

바로 듣기

저희 엄마는 매일 저한테 연애 좀 하라는 잔소리를 하세요. 저뿐만 아니라 제 주변 친구들도 모두 솔로인데 말이에요. 이 얘길 했더니 '엄마가 끼리끼리 논다.'고 하시던데, 이런 말이 영어에도 있을까요?

'끼리끼리', '유유상종'…. 이런 말들은 닮은 애들끼리 모인다는 뜻이니까 'You guys look like twins(너희는 쌍둥이 같아.)'라고 하면 어떨까?

그건 외적으로 닮아 보일 수 있다는 의미에 가까워요. '끼리끼리'라고 하려면 성격이나 성향, 성품 등 모든 면에서 비슷해야 하는 거 아닐까요?

아! 영어학원 다닐 때 숙어처럼 배운 게 있어. 기억은 가물가물하지만 'flock(무리, 떼)'라는 단어가 들어가는 표현이었던 것 같은데?

맞아요, 그쪽이에요. 아주 오래전 어떤 작가가 사용한 이후로 숙어처럼 사용되어온 문장이 있지요.

▶▶ 그래서, 타일러가 준비한 표현은?

189

Birds of a feather.

＊ 해석　　같은 깃털의 새들.

Check!

＊ birds - 새들
＊ feather - 깃털

**타일러
Tip**

오늘의 표현은 꽤 시적이죠? 정확한 본래 표현은 'Birds
of a feather flock together.'예요. 철업디가 언급했던
'flock'이 사용된 문장이죠. 하지만 'flock together(떼지어
함께하다)'처럼 굳이 말하지 않아도 되는 부분은 과감히
생략하고 오늘의 표현처럼 짧게 사용해도 의미가 통해요.
'떡 줄 사람은 생각도 않는데 김칫국부터 마신다.'라는 한국
속담을 흔히들 '김칫국부터 마신다.'로 줄여서 말하는 것과
비슷하달까요?^^

535

젖 먹던 힘까지 다 썼어요.

바로 듣기

식빵에 잼을 바르려고 했는데 잼 뚜껑이 꽉 닫혀서 도통 열릴 생각을 안 하더라고요. 젖 먹던 힘까지 다 써서 겨우 열고 나니 이렇게 고생했다는 느낌을 외국인 동료에게 설명해 주고 싶었어요.

젖 먹던 힘까지 다 썼다는 건 온 힘을 다했다는 거니까… 'I did my best 100 percent.(나는 100퍼센트 최선을 다했어요.)'

맞아요. 그런 식으로 표현하면 돼요. 근데 'did' 말고 다른 동사는 없을까요?

'I try my best.' 혹은 'I used to my best.' 이건 어때?

둘 다 나쁘진 않지만 더 좋은 단어가 있어요. 알려드릴게요.

▸▸ 그래서, 타일러가 준비한 표현은?

I gave it everything I got.

---

* **해석**　　내가 가지고 있는 모든 것을 다 썼어요.

* I gave it - 나는 다 주었다
* everything - 모든 것
* I got(I've got의 줄임말) - 내가 갖고 있는

타일러 Tip

'give(과거형은 gave)'에는 '넘겨주다', '건네주다'라는 의미가 있어요. 내가 가진 걸 다 줬다는 건 한마디로 다 썼다는 뜻이죠. 철업디가 말한 'my best'를 넣고 싶다면 'I gave it my best.'라고 하면 돼요. 근데 좀 더 강한 느낌, 최선을 다했다는 느낌을 전달하기 위해 'everything'을 넣는 거예요. 이것저것 모든 걸 다 해봤다는 의미를 더하는 거죠. 만약 100퍼센트를 다했다고 말하고 싶다면 맨 뒤의 'I got'을 빼고 'I gave it 100 percent.'라고만 하세요.

우린 달라도 너무 달라요.

바로 듣기

신입 직원이 들어왔는데 저랑 성격 면에서 정반대더라고요. 그래도 나와 다르다는 걸 인정하고 맞춰가야겠죠? 가끔 사람들에게 이 점을 설명해야 할 때가 있는데, 영어 표현이 어떻게 되는지 궁금하네요.

'We are totally different (우린 완전히 달라요.)'

'totally'를 넣은 게 아주 좋네요. 그렇게 해도 의미가 통해요.

그럼 타일러가 준비한 표현은 아니라는 뜻이니 다시 한번 해볼게. 누군가 나와 아주 비슷한 생각을 하고 있을 때 'same page'라는 표현을 쓰잖아. 그걸 응용해서 'We are not same page.(우린 같은 페이지가 아니에요.)'

그건 상황만 얘기하는 표현이에요. 즉, 어떤 상황을 같은 식으로 이해하는 게 아니라서 의견이 안 맞거나 입장 차이가 있다는 뜻이죠. 오늘의 상황은 성격을 말하는 거 아닐까요? '똑같다'와 반대되는 단어를 생각해보시라는 힌트를 드리고 싶네요.

▶▶ 그래서, 타일러가 준비한 표현은?

536

We're total opposites.

* **해석**   우린 정반대에요.

Check!

* total - 완전한, 전부, 전체
* opposite - 반대의, 상반되는, 반대되는 것

타일러 Tip

오늘의 표현에서 'opposite'는 '반대되는 것'이라는 뜻의 명사예요. 'opposites'라는 복수형으로 사용된 건 성격 면에서 서로 반대되는 사람이 두 명이기 때문이고요. 이 외에도 'opposite'인 것들을 예로 들어 문장을 만들어볼까요?
- The opposite side of the world = 지구의 반대편
- Hot and cold are opposites. = 뜨거움과 차가움은 서로 반대된다.

최 씨 집안의 내력이에요.

바로 듣기

저희 최 씨 집안 사람들은 대대로 시력이 좋아요. 저 역시 맨 뒷자리에서도 아주 작은 칠판 글씨를 읽을 정도인데, 제 시력에 깜짝 놀라는 영어 선생님께 집안 내력이라고 이야기해드 리고 싶었어요.

 'Hey, that's Choi's family.(이봐, 그건 최 씨 가족이야.)'

 굉장히 근접했어요. 방향이 아주 좋네요.

 집안 내력이라는 건 유전이 된다는 거니까 'It runs the Choi's family.(이건 최 씨 집안 유전이에요.)' 라고 하면 어때?

 그걸 조금 바꿔서 'It runs in the family.(그건 가문에서 내려왔어요.)'라고 하면 좋겠네요. 의미도 통하고, 나쁘지 않은 표현이에요.

▶▶ 그래서, 타일러가 준비한 표현은?

537

It's a 'Choi' thing.

* **해석**　　그건 최씨들 거예요.

Check!

* thing - 것

타일러 Tip

'Choi(최)'의 자리에 다른 성을 넣어도 다 통하는 표현이겠죠? 철업디가 계속 말한 'family'를 꼭 넣고 싶다면 'It's a Choi family thing.'이라고 해도 되긴 해요. 하지만 'family'란 단어에는 현재 나와 살고 있는 가족, 혹은 나를 포함한 부모님과 형제자매 정도만 지칭하는 느낌이 있어요. 대대로 내려온다는 점을 잘 전달하진 못하는 거죠. 그러니 그냥 간단하게 'thing'으로 표현해보세요. 쉽잖아요.^^

정색하지 말고
기분 풀어요.

바로 듣기

영어 스터디 중에 너무 지루해서 철업디처럼 농담을 좀 했더니, 한 친구가 살짝 표정을 굳히며 공부에 집중하라고 하더군요. 그 친구에게 정색하지 말고 기분 풀라는 말을 해주고 싶었어요.

 청취자 분은 'Why are you so serious?(왜 그렇게 심각해?)'라고 했다는데, 이 표현도 괜찮지 않아?

 그렇게 말하는 사람은 거의 없어요. 그건 상황이 심각해지기 시작한 상태에서 쓰는 말이이거든요. 오늘의 표현은 그와 달리 가볍게 분위기를 풀어볼 수 있는 말이어야겠죠?

 'Hey, relax. Come on.(이봐, 긴장 풀어. 어서~.)'

 맞아요. 그 방향이에요. 'come on'으로 시작하면 더 좋겠네요.

▶▶ 그래서, 타일러가 준비한 표현은?

197

Come on, loosen up.

*** 해석**   자, 긴장 풀어요.

* come on - 자, 어서
* loosen up - 긴장을 풀다, 근육을 풀다, 느슨하게 하다

타일러
Tip

정색한다는 건 얼굴 근육이 경직되는 거겠죠? 그렇게 굳어진
근육을 완화시켜야 하니 긴장 풀고 느슨해지라고 하는
거예요. 만화의 내용을 너무나 진지하게 생각하는 사람이
있다면 오늘의 표현을 조금 응용해 'It's a cartoon. Loosen
up.(만화잖아요. 정색하지 말자고요.)'라고 할 수 있겠죠.
또 오늘의 표현은 실제로 근육을 풀라는 의미로 사용되기도
해요. 마사지사가 고객에게 긴장을 풀라고 말할 때 이 표현을
쓰거든요.

문장 앞에 쓴 'come on'은 '자', '어서'란 뜻이니 'Come
on, cheer up(자, 기운 내!)', 'Come on, get up.(어서
일어나봐.)' 등으로 다양하게 응용해보세요.

처음부터 너무
무리하지 마세요.

바로 듣기

배드민턴 동호회에 가입했는데 첫날부터 너무 무리했더니 몸살이 났어요. 나중에 신입회원이 들어오면 그렇게 하지 말라고 조언해주고 싶은데, 외국인일 수도 있으니 영어 표현을 미리 알아두는 게 좋을 듯해요.

 무리하지 말라는 건 힘을 빼라는 의미도 되지 않을까? 'Do not to strong(너무 세게 하지 마.)'

 '처음부터'라는 표현이 빠졌네요.

 아, 그러네. 그럼… 'Do not over do it first time. (처음에는 무리하지 마세요.)'

 그런 방향이긴 한데 더 적절한 표현이 있어요. 좀 기니까 집중해주세요.

▶▶ 그래서, 타일러가 준비한 표현은?

Don't go all out your first time around.

---

* **해석** 처음부터 전력투구하지 마세요.

* don't go all out – **전력투구하지 마세요**
* your first time around – **당신이 처음 해볼 때, 당신의 첫 시도 때**

타일러 Tip

'go all out'는 '전력을 다하다', '모든 힘을 쏟다'라는 뜻이에요. 숙어처럼 자주 쓰는 말이니 꼭 기억해두시면 좋겠네요. 응용도 한번 해볼까요?

- I'm going to go all out tomorrow. = 난 내일 최선을 다할 예정이야.
- The team went all out for a win. = 그 팀은 이기기 위해 전력을 다했어요.

540

10분만 일찍 나와.

바로 듣기

네 명의 동료가 카풀을 하는데 한 명이 매번 늦게 나오네요. 진미영이 방송될 때면 다들 차에 타고 있을 시간이니 10분만 일찍 나오라는 표현 좀 알려주세요. 그 동료도 꼭 들을 수 있게요.

 'Hey, ten minutes earlier(이봐, 10분 일찍 해.)'

 완벽한 문장은 아니지만 제가 준비해 온 표현의 한가운데에 그 말이 들어 있네요. 앞뒤로 다른 단어를 추가해보세요.

 'You should come ten minutes earlier please.(넌 10분 전에 와야 해.)'

 'come'을 쓰면 오늘의 표현과 의미가 달라져요. 또 생각할 수 있는 다른 동사로는 뭐가 있을까요?

▶▶ 그래서, 타일러가 준비한 표현은?

540

Try to leave ten minutes earlier than usual.

---

* 해석 평소보다 10분 일찍 출발하세요.

Check!

* try to leave - 출발하려고 애쓰다
* ten minutes earlier - 10분 일찍
* than usual - 평소보다

타일러 Tip

한국어로는 '10분 일찍 와.'라고 하지만, 영어로 말할 때는 그 사람이 처음부터 집에서 일찍 출발해야 한다는 데 초점이 맞춰져요. 즉, 10분 일찍 준비해서 빨리 출발하라고 말하는 거죠. 'come(오다)'이 아닌 'leave(출발하다)'를 쓴 것은 바로 그런 사고방식의 차이 때문이랍니다.
참, 앞에서 배운 'Please, be on time.(제발 제시간에 오세요.)'란 표현도 이런 상황에서 쓸 수 있으니 참고해주세요.

- 재채기는 가리고 해주세요.

- 계산은 자리에서 하나요, 나갈 때 하나요?

- 어젯밤 꿈에 BTS가 나왔어요.

- 우리는 냉전 중이에요.

- 저는 다저스의 골수팬이에요.

- 제발 시간 좀 지켜줘.

- 참 뜬금없네요.

- 후회 없이 살자.

- 끼리끼리 논다.

- 젖 먹던 힘까지 다 썼어요.

- 우린 달라도 너무 달라요.

- 최 씨 집안의 내력이에요.

- 정색하지 말고 기분 풀어요.

- 처음부터 너무 무리하지 마세요.

- 10분만 일찍 나와.

- Please cover your nose when you sneeze.

- Do we pay at the table or the door?

- BTS was in my dream last night.

- We are not on speaking terms.

- I'm a diehard Dodgers fan.

- Please, be on time.

- That's so random.

- Forget regret!

- Birds of a feather.

- I gave it everything I got.

- We're total opposites.

- It's a 'Choi' thing.

- Come on, loosen up.

- Don't go all out your first time around.

- Try to leave ten minutes earlier than usual.

내 입에는 안 맞아요.

바로 듣기

올 여름 첫 빙수를 먹었어요. 저한텐 뭐니 뭐니 해도 팥빙수가 최고지만 이번엔 딸들이 추천한 망고빙수를 먹었는데, 제 입엔 좀 안 맞더라고요. 이 말을 영어로 바꿔보고 싶어요.

 'It's not taste.(맛이 없어요.)'

 문장 구조는 아주 좋아요. 근데 'taste'가 아닌 다른 단어를 한번 생각해보세요.

 입에 안 맞는다는 건 내 스타일이 아니라는 뜻이니까 'It's not my style.(내 스타일이 아니에요.)'이라고 해볼까?

 진짜 진짜 좋아요. 다만 'style'도 좀 어색하니 다른 단어를 찾아볼까요?

 'type'? 아니면 'thing'?

 온갖 단어가 다 나오기 전에 얼른 알려드릴게요.

▶▶ 그래서, 타일러가 준비한 표현은?

205

That's not my favorite.

* **해석** 그건 제가 좋아하는 게 아니에요.

* that's not ~ - 그것은 ~이/가 아니다
* favorite - 가장 좋아하는, 마음에 드는

타일러
Tip

오늘의 표현에서 알 수 있듯, 영어에선 입에 안 맞는다는 말을 하고 싶어도 'hate(싫어하다)'란 직접적인 단어를 쓰진 않아요. 영어식 표현에는 말을 돌리거나 비꼬아서 한다는 특징이 있거든요. 그러니 오늘의 표현을 실제로 쓸 때 비꼬는 어조와 표정 등을 잘 살리면 상대가 알아들을 거예요. '아, 못 먹는 건 아니지만 좋아하진 않는다는 거구나.' 하고 말이죠. 물론 'I hate it.(난 그걸 싫어해.)'라는 문장으로 이 뜻을 표현할 수도 있겠지만, 그럼 굉장히 무례한 사람으로 보일 거예요. 한국에서도 그렇지 않나요? '맛없다', '싫다'란 말을 대놓고 하는 건 실례로 여겨지니까요.

너 모기한테 물렸네?

바로 듣기

출근한 외국인 동료를 보니 모기에 물려서 눈이 퉁퉁 부었더라고요. "어? 너 모기한테 물렸네?"라는 한마디를 하고 싶었는데 번역기를 돌려도 안 나오네요.

우선 이렇게 시도해볼게. 모기한테 물린 거니까 'You got a mosquito.'

그건 '네가 모기를 잡았네.'란 의미예요.

그럼 'Mosquito takes you.(모기가 너를 잡았어.)'

모기한테 먹힌 건가요? 재밌는 표현이지만 그것보단 앞서 시도한 'got a mosquito'가 좋았어요. 모기에게 '물리다'에 해당하는 표현으론 무엇이 있을까요?

▶▶ 그래서, 타일러가 준비한 표현은?

207

You got a mosquito bite.

* **해석**　당신은 모기에게 한 입 물렸어요.

* mosquito – 모기
* bite – 한 입, 물림

타일러
Tip

오늘의 표현은 '너 모기에게 한 입 당했네.'의 의미예요.
'bite of ○○'은 '○○ 한 입'이란 뜻이거든요. 가령 '피자 한
입'이라고 말하려면 'bite of pizza'라 하죠. 모기나 벌레에게
물렸다면 그 부위를 가리키며 'bite'라고 해주면 되고요.
청취자 분은 번역기에 '모기가 물었네.'를 입력했더니
'Mosquito asked.'라는 문장이 나왔다고 하시더군요.
번역기가 '물었다'를 '묻다(ask)'로 여기고 직역한 탓에
재미있는 결과가 나온 셈이죠. 저도 예전에 한국어 배울 때,
글자는 똑같은데 뜻이 다른 단어들 때문에 고생했던 경험이
있어요. 여러분도 번역기처럼 직역하려 하지 말고 영어식으로
생각하려는 시도부터 해보세요.

만장일치로 결정했어요.

바로 듣기

식구들과 여름휴가 후보지를 세 군데로 추린 뒤 그중 하나를 정하기로 했는데, 놀랍게도 만장일치로 한 곳이 뽑힌 거 있죠? 저희는 잘 뭉치는 편이 아닌데 정말 놀랐어요. 기념으로 '만장일치'의 영어 표현도 배워두고 싶어요.

 '만장일치'는 모두가 같은 걸 골랐다는 의미잖아. 'Everyone picked same.(모두가 같은 걸 골랐어요.)'

 제비뽑기에서 모두 동일한 걸 뽑았다는 얘기를 하고 싶다면 그 표현도 좋겠네요. 하지만 만장일치라는 뜻은 아니죠?

 'vote'가 '투표하다'잖아? 만장일치라면 모든 사람이 하나에 투표했다는 뜻이니 'Everyone voted one.' 이라고 하면 어떨까?

 그건 모든 사람이 한 표를 던졌다는 뜻이에요. 좀 어려울 수 있지만, '만장일치'에 해당하는 영어 단어가 실은 따로 있어요.

▶▶ 그래서, 타일러가 준비한 표현은?

209

We decided unanimously.

---

* **해석**   우리는 만장일치로 결정했어요.

* decided (decide의 과거형) – 결정했다
* unanimously – 만장일치로

타일러
Tip

'만장일치'라는 단어 'unanimously'가 꽤 어렵죠? 좀 더 쉽게
외우는 방법을 알려드릴게요. 'un(ited) + animously'의
결합체로 기억해두는 거예요. 미국을 'United States'라고
하는 데서 알 수 있듯 'united'는 '합병한', '결합한'이란
뜻이에요. 또 뒷부분의 'animously'는 동물을 뜻하는
'animal'과 비슷하게 생겼죠? 그러니 'unanimously'를
'동물들이 함께 움직인다 = 만장일치'라고 연상하면 외우기
좋을 거예요.
그럼 앞서 배운 '다수결'도 복습해볼까요? 'Let's vote,
majority rules.'! 여기서의 'majority rules'가 '다수결'이니
'unanimously'와 함께 외워두세요.

544

걔 잠수 탔어.

바로 듣기

제 친구는 남자친구와 연애를 시작하면 연락이 안 돼요. 한국에선 이럴 때 '잠수 탄다'라고
하는데, '잠수'에 해당하는 재미있는 표현이 영어에도 있을까요?

 사연을 보면 그 친구는 여자인 것 같으니 'she'로
표현할게. 'She is under the sea.(그녀는 바다 밑에
있어요.)'

 하하하! 진짜 재밌네요. 뜻은 통하지 않겠지만 너무
귀여워요!

 'hide(숨다)'의 현재진행형을 써서 'She is hiding.
(그녀는 숨어 있어요.)'

 문장 구조는 좋은데 'hiding' 부분이 좀 어색하네요. 다른
단어는 없을까요?

 'She is somewhere.(그녀는 어딘가에 있어요.)'

 맞아요! 그런 뉘앙스예요. 그 사람은 여기가 아닌 다른 데
있다는 표현이 되어야 하는 거죠!

▶▶ 그래서, 타일러가 준비한 표현은?

544

She's MIA.

---

* **해석**   그녀는 전투 중 실종되었어요.

Check!

* MIA(missing in action의 약자) - 전투에서 실종된

타일러
Tip

'missing in action'은 군사용어예요. 사람이 전쟁터에서
죽었는지, 살았는지, 포로로 잡혀갔는지 알지 못하고 시야에서
놓쳐 실종됐다는 의미의 표현인데 최근엔 채팅 용어로도
사용되죠. 대문자로 간단히 줄여 'MIA'라고 표현한답니다. 이
표현이 담긴 문장의 예를 살펴볼까요?
- Jule's driver is MIA. = 쥴의 운전사가 잠수 탔어요.
- You've been MIA for a while. = 너 한동안 잠수 탔잖아.

저흰 결혼 30년 차에요.

바로 듣기

남편과 하와이 여행을 갔는데 호텔 직원이 허니문이냐고 묻더군요. 저흰 결혼 30년 차 부부라고 말했어야 하는데 정색하며 'No!'라고 대답해버렸네요. 이 표현 좀 알려주세요.

'우리는 결혼하고 30년 되었어요.'란 뜻으로 'We are 30 years on wedding.'는 어때?

'on wedding'은 매우 어색해요. 다른 쪽으로 생각해보세요.

'We are 30 years since we got married.(우리는 결혼한 지로부터 30년이 되었어요.)'

철업디가 시도한 게 통하려면 'We are 30 years married ~'라는 문장구조가 되어야 해요.

▶▶ 그래서, 타일러가 준비한 표현은?

213

545

We've been married for 30 years.

---

* 해석   우리는 결혼한 지 30년이 되었어요.

Check!

* we've been married - 우리는 결혼한 상태에 있다
* for thirty years - 30년 동안

타일러 Tip

오늘의 표현에서 'marry(결혼하다)'가 아닌 'married'을 사용한 이유는 뭘까요? 결혼식은 30년 전에 한 번 올린 걸로 끝이고, 그때부터 지금까지 계속 해오고 있는 게 아니라서예요. 만약 30년 동안 계속 해오고 있는 무언가를 이야기하고 싶다면 현재진행형인 '-ing' 형태를 써야 해요. '나는 이 일을 한 지 30년이 되었어요.'는 'I've been working for 30 years.'라고 하는 식으로요.

오래된 팝송 중엔 <I've Been Loving You Too Long(나는 당신을 너무 오랫동안 사랑했어요)>이란 것도 있어요. 'loved'가 아닌 'loving'을 썼으니 아직도 사랑하고 있다는 뜻의 제목이랍니다.

546

혹시 짚이는 데 있니?

바로 듣기

언니와 여동생은 제 옷을 몰래 입을 때가 많아요. 최근에도 누가 제 옷을 입고 외출해버렸기에 막내 동생을 붙잡고 짚이는 데 없냐고 물어봤죠. 영어 표현이라도 배우면서 화 좀 삭여볼게요.

 뭔가 의심이 가긴 하는 거니까 'Something fishy.(뭔가 수상해.)'라고 해볼까?

 'fishy'가 '수상한', '의심스러운'이란 뜻의 단어이긴 하지만 그쪽 방향은 아니에요. 동생에게 묻는 거니 '감 잡히는 게 있니?', '너도 잡고 있는 게 있니?'와 같은 의미여야 해요.

 'Do you have a feeling?(느낌이 있니?)'는 어때?

 맞아요! 그 방향이에요. 근데 'feeling' 말고 다른 단어는 없을까요?

▶▶ 그래서, 타일러가 준비한 표현은?

215

Do you have a hunch?

* **해석** 직감이 있나요?

* do you have ~ - ~을/를 당신은 가지고 있나요?
* hunch - 예측, 예감, 직감

타일러
Tip

'hunch'라는 단어가 여러분에겐 익숙하지 않을 수도
있겠네요. 이건 '예측', '예감', 약간의 '느낌적인 느낌'을 뜻하는
단어예요. 발음 구조는 'lunch(점심)'와 같고, 뜻은 'feeling'과
매우 비슷하죠. 'I have a hunch.'라고 하면 '뭔가 짚이는 게
있어.', '대충 짐작이 갈 것 같아.'란 뜻이 된답니다. 좀 더 예를
들어볼까요?

- I have a hunch. She's lying to me. = 난 직감이 들어요.
  그녀는 거짓말을 하고 있어요.
- I have a hunch that something's wrong. = 뭔가
  잘못됐다는 느낌적인 느낌이 들어요.

너 사람 보는 눈이 있네.

바로 듣기

얼마 전 직원 한 명을 새로 뽑았어요. 외국인 동료가 후하게 점수를 준 사람이었는데, 입사 뒤에 보니 일도 잘하고 꽤 괜찮더라고요. 그래서 외국인 동료에게 사람 보는 눈이 있다고 칭찬해주고 싶었어요.

'You know everything.(넌 모든 걸 알고 있구나.)

나쁘진 않지만 '사람 보는 눈이 좋다.'의 뉘앙스가 없네요. 다시 시도해보세요.

'You have eyesight.(너 보는 눈이 있네.)'

'eyesight'는 단순히 '시력', '시야'만을 뜻해요.

사람 보는 눈이 있다는 건 판단력이 좋다는 거 아닐까? 'You are judgment.(당신은 판단력입니다.)'

어색한 거 아시죠? '사람 보는 눈'이란 말에서의 '보다'를 'see'나 'watch' 말고 또 어떤 단어로 나타낼 수 있을까요?

▶▶ 그래서, 타일러가 준비한 표현은?

217

547

You're good at reading people.

* **해석**   당신은 사람들을 잘 읽습니다.

* you're good at ~ - 당신은 ~을/를 잘한다
* reading people - 사람들을 읽기

타일러
Tip

'be good at ~'은 '~에 능하다'란 의미예요. 'You're good
at cooking.'은 '요리를 잘하시네요.'란 뜻이죠.
'reading'에는 '독서', '읽기' 외에도 '독해하다', '의미를
이해하다'의 뜻이 있어요. 그래서 'He's hard to read.'는
'그는 읽기가 어려워.', 즉 '그는 무슨 생각을 하는지 잘
모르겠어.'를 뜻하죠.
그런데 사람을 잘 보고 마음을 잘 읽는다는 건 눈치가
빠르다는 의미도 될 수 있어요. 'I'm good at reading
people.'이라고 하면 '저는 눈치가 빠른 편이에요.'로 해석될
수도 있으니 참고하세요.

방금 한 말은 취소할게요.

바로 듣기

진미영에서 배운 표현을 미국 가서 시도해보니 정말 통하더군요! 근데 제가 써보고 싶은 표현이 아닌 다른 것을 잘못 말하는 바람에 그 말을 취소해야 하는 상황이 생기기도 했어요. 그럴 땐 뭐라고 해야 할까요?

 우선 진미영에서 배운 표현을 실제로 사용해봤다니 정말 감사하네! 오늘도 최선을 다해볼게. 첫 시도야. 'I'm gonna cancel it, what I said. (취소하고 싶어요, 제가 한 말을요.)'

 'cancel'이 굳이 들어갈 필요는 없어요. 약속이 되어 있던 걸 취소한 게 아니니까요.

 내가 한 말을 잊어버리라는 뜻이니 'Forget about it. (그것에 대한 걸 잊어버려.)'는 어때?

 나쁘진 않아요. 그래도 정확한 표현을 사용하는 편이 좋겠죠?

▶▶ 그래서, 타일러가 준비한 표현은?

I take it back.

* 해석   내가 한 말 취소할게요.

* take it - 그것을 가져가다
* back - 뒤로, 반대로

타일러
Tip

'take'는 '가져가다', 'back'은 '뒤로'니까 이 둘을 합치면
'뒤로 가져가다', 즉 '회수하다', '주워 담다'라는 의미가 돼요.
'take it back(그 말을 취소하다)'은 숙어처럼 사용되니
기억해두세요. 여기에서의 'it'은 '내가 내뱉은 그 말'을
의미해요. 참고로, 오늘의 표현은 주로 누군가에게 사과할 때
사용되기 때문에 'I'm sorry.'와 함께하는 경우가 많다는 것도
알아두시면 좋겠네요.

- I didn't mean that. I take it back. = 그런 뜻이 아니었어.
  내가 한 말 취소할게.
- You take that back. = 너 그 말 취소해.

혹시 모르니
우산 챙기세요.

바로 듣기

아침마다 일기예보를 꼭 챙겨 보는데, 비 올 확률이 높진 않지만 혹시 모르니 우산 챙기라는 식의 이야기를 기상캐스터가 하곤 하더라고요. 이 표현도 영어로 바꿀 수 있을까요?

 '혹시 모르니'라는 표현은 알고 있어. 'Just in case'! 맞지?

 맞아요! 잘 떠올렸네요. 그 표현을 넣어보세요.

 'Just in case, take an umbrella.(혹시 모르니까 우산을 가져가세요.)'

 좋아요. 근데 원어민의 말이 아닌 것 같다는 느낌이 아주 살짝 들어요. 미국인들이 좀 더 자연스럽게 쓰는 문장이 있답니다.

▶▶ 그래서, 타일러가 준비한 표현은?

Take your umbrella just in case.

---

* **해석**　혹시 모르니 우산을 가져가세요.

* take your umbrella - 당신의 우산을 가져가세요
* just in case - 혹시 모르니, 만일을 위해

타일러
Tip

위 문장에서 미국식 표현에 해당하는 건 'your umbrella' 예요. 집에 우산이 많으면 'an umbrella', 딱 하나만 있으면 'the umbrella'라고 하지만, '당신이 주로 쓰는 우산'을 지칭할 땐 'your umbrella'라고 한답니다. 이 차이를 꼭 알아두세요. 오늘의 표현에서 중요한 건 'just in case'죠. '혹시 모르니', '~할 경우를 대비해서'의 뜻이에요. 예문을 들어볼게요.
- Take some extra clothes just in case. = 혹시 모르니 여분의 옷을 챙겨.
- Let me give you my cell just in case. = 혹시 모르니 제 번호 드릴게요.

한국의 가을은
단풍이 참 예뻐요.

바로 듣기

저희 부모님은 내장산 아래에서 민박집을 운영하세요. 내장산은 단풍 명소죠. 한국의 가을은 단풍이 참 예쁜데, 외국인 친구들에게 홍보 좀 해보고 싶어요.

단풍을 'autumn leaves'로 바꿔서 시도해볼게.
'Autumn leaves are beautiful in Korea of fall.
(한국의 가을은 단풍이 아름다워요.)'

'autumn'과 'fall' 모두 '가을'을 뜻하기 때문에 문장이 부자연스러워요. 영어권 사람들은 동의어를 한 문장 안에 반복해서 쓰는 걸 싫어해요. 똑같은 말을 여러 번 하는 느낌이거든요. 철업디처럼 표현하고 싶다면 'autumn leaves'를 'the leaves'로 바꿔도 돼요. 뒤에 'fall'이 있으니 충분히 '단풍'이라고 이해할 수 있거든요.

'The leaves in Korea is really beautiful in autumn.(한국의 가을 단풍은 정말 아름답습니다.)'

아주 좋아요. 좋은 문장이 되었네요!

▶▶ 그래서, 타일러가 준비한 표현은?

The foliage in Korea is beautiful in the fall.

* **해석**   한국의 단풍은 가을에 아름다워요.

* foliage – 잎
* beautiful – 아름다운, 예쁜
* in the fall – 가을에

타일러
Tip

'foliage'와 'leaf(복수형은 'leaves')'는 '잎'이라는 같은 뜻을
가져요. '나뭇잎'이라고 하면 대개의 사람들이 철업디처럼
'leaves'를 먼저 떠올리니 철업디가 쓴 표현이 더 자연스럽고
어울릴 수 있죠. 또 굳이 '단풍'이라고 설명하지 않은 건 앞서
말했듯 가을을 뜻하는 'fall'이나 'autumn'이 문장에 들어가면
'가을의 잎', 즉 '단풍'이라고 이해되기 때문이에요.
'가을'을 뜻하는 단어에 'fall'과 'autumn' 두 개가 있는
것처럼, '잎'을 의미하는 단어에도 'foliage'와 'leaf' 두 가지가
있다는 걸 함께 기억해두세요.

551

그 사람 앞에만 가면 주눅이 들어요.

바로 듣기

남편이 목소리가 크고 화를 잘 내는 타입이라 그런지, 전 남편 앞에만 가면 늘 주눅이 들어요. 왜 이럴까요? 제 마음을 영어로도 표현해보고 싶어요.

 남편을 'him'으로 해서… 'In front of him, I feel no energy.(그의 앞에서, 나는 에너지를 느끼지 못합니다.)'라 하면 어떨까?

 '주눅'과 '에너지'는 좀 다르지 않아요? 또 그 문장의 구조로 오늘의 표현을 전달하긴 매우 힘들어요. 'him'을 초반에 배치하면 '주눅 든다'의 의미가 약해질 수밖에 없거든요. 'I feel ~'의 구조는 좋았으니 그걸로 문장을 시작해보세요.

 'I feel frustrated, when ever I see my husband. (나는 남편을 볼 때마다 좌절감을 느껴요.)'

 'frustrated'의 뜻은 '실망한', '좌절한'이에요. '주눅이 든다'와는 역시 좀 거리가 있는 단어죠?

▶▶ 그래서, 타일러가 준비한 표현은?

225

I feel so intimidated by him.

* **해석** 나는 그 사람으로 인해 너무 기운 빠짐을 느껴요.

* I feel ~ - 나는 ~을/를 느낀다
* so intimidated - 너무 깎아내려진

타일러
Tip

'intimidate'는 '겁주다', '협박하다', '깎아내리다', '기운을
빼다'란 의미예요. 근데 뒤에 '-ed'를 붙여 수동형으로
바꿨으니 '협박당한', '깎아내려진', '기운을 떨어뜨린'이란 뜻이
되겠죠? 누군가의 압도적인 기운에 눌리는 기분을 느낄 때, 즉
주눅이 든다는 느낌을 표현할 때 사용하는 단어예요.
이 표현에서 주의해야 할 점은, 자신을 주눅 들게 하는 그
사람을 'by ○○'의 형태로 뒤에 넣어 밝혀줘야 한다는 거예요.
오늘의 표현에서 그 사람에 해당하는 건 남편이라 'by him'을
쓴 거고요. 단, 누구 혹은 무엇 때문에 주눅 드는지가 앞서
언급된 상황이라면 'by ○○'를 넣지 않아도 된답니다.

뜸들이지 말고 말해.

바로 듣기

저희 남편은 사고를 치고 나선 꼭 제 눈치를 봐요. 뭔가 말할 듯 말 듯한 남편의 모습을 볼 때마다 너무 화가 나는데, 뜸들이지 말고 어서 말하라는 영어 표현을 배우면서 마음이라도 좀 추스르고 싶어요.

'Hey, speak it.(이봐, 말해봐.)'

발음만 듣고선 깜짝 놀랐네요. 한 번에 맞히는 줄 알았거든요.^^ 근데 'speak it.'은 '연설하십시오.'란 의미예요. 그 단어 말고 s로 시작하는 또 다른 단어가 있는데….

s로 시작하는 단어? 난 'speak'밖에 모르겠어. 'Speak it out(밖으로 내뱉어봐.)'는 안 될까?

아쉽네요. 진짜 근접했는데!

▶▶ 그래서, 타일러가 준비한 표현은?

227

552

Spit it out.

---

* **해석**   할 말을 내뱉으세요.

Check!

* spit ~ - ~을/를 뱉다, 토하다, 내뿜다
* out - 밖으로

타일러 Tip

'Just tell me!'나 'Just say it!' 같은 문장들 역시 말을 하라는 뜻이긴 하지만, 오늘의 표현을 쓰면 내 화난 마음을 상대에게 좀 더 강하게 전달할 수 있어요. 맨 앞에 'Just'를 덧붙여 'Just spit it out.'이라고 하면 지금 내 마음이 매우 답답하다는 느낌을 더 잘 나타낼 수 있죠.

'spit'은 명사일 땐 '침'이지만 동사가 되면 '뱉다'란 뜻을 가져요. 그래서 '껌 뱉어.'라고 말할 땐 'Spit your gum out.'이라 하죠.

오늘의 표현에선 'spit'과 'out'을 반드시 함께 써야 해요. 'spit'만으로도 뱉는다는 의미는 전달할 수 있지만 '확실하게 밖으로 내뱉어라', '확실히 말을 해라'라는 의미가 되려면 'out'이 꼭 필요하니까요.

나 그럴 기분 아니야.

바로 듣기

얼마 전 외국인 친구가 소개팅을 주선해줬어요. 정말 많이 기대하고 그 자리에 나갔는데 아쉽게도 잘 안됐네요. 이 상황을 모른 채 자꾸 어떻게 됐냐며 묻는 주선자 친구에게, 지금 그럴 기분이 아니라는 말을 해주고 싶어요.

 기분이 안 좋은 거니까 'I'm not feeling well.(난 기분이 좋지 않아.)'

 방향은 맞았어요. 근데 '기분'을 뜻하는 영어 단어에 'feeling' 말고 또 뭐가 있을까요?

 'I'm not condition.(난 컨디션이 별로야.)'

 'condition'은 주로 건강 혹은 재정의 상태와 연결시켜 사용돼요. '기분'과는 다른 거죠? 근데 한국인들은 제가 준비한 이 단어를 '기분'이란 뜻으로 쓰는 것 같지 않더라고요.

▶▶ 그래서, 타일러가 준비한 표현은?

I'm not in the mood.

＊해석 나는 그럴 기분이 아니에요.

Check!

＊ in the mood - 그럴 기분

타일러 Tip

'mood'라고 하면 한국인들은 '분위기'를 먼저 떠올리더군요. 그런데 이 단어엔 '기분'이라는 뜻도 있어요. 예를 들어볼까요?
- Are you in a good mood today? = 너 오늘 기분 좋아?
- How's your mood today? = 오늘 기분 어때?
- He's not in a good mood. = 걔 기분 안 좋아 보여.

조금 더 살을 붙인다면 다음과 같이 다양하게 응용해볼 수도 있겠죠.
- I'm not in the mood to eat a burger. = 버거 먹고 싶은 기분이 아니에요.
- I'm in the mood for some wine. = 와인 한잔 하고 싶은 기분이야.

230

그녀가 너보다 선수를 쳤네.

바로 듣기

회사 동료를 짝사랑 중인 친구가 한참 고민하다 용기 내서 고백했는데, 다른 여직원이 먼저 그 동료에게 고백했다는 답을 들었다네요. 선수를 친 거죠. 속상해하는 친구와 영어 표현이라도 배워보고 싶어요.

 다른 직원을 'she'로 지칭해서 문장을 만들어볼게. 그녀가 너보다 선수를 친 거니까, 'She's got you.(그녀가 당신을 잡았어요.)'

 어울리지 않아요. 미국 드라마나 영화에 종종 나오는 'You've got me.'는 '너에겐 내가 있잖아.'란 의미라 오늘의 상황과 완전히 달라요. 다시 집중해서 생각해보세요. '선수를 치다'에서 '치다'에 해당되는 영어 단어가 뭘까요?

 'She hit you.'나 'She bat you.', 이런 건?

 'hit'과 'bat' 모두 '치다'라는 의미를 갖지만 오늘의 상황과는 잘 어울리지 않아요.

▶▶ 그래서, 타일러가 준비한 표현은?

231

She beat you to it.

---

* **해석**　　그녀가 당신보다 한 발 앞섰네요.

* beat ~ - ~을/를 치다, 두드리다, 때리다, 이기다

타일러
Tip

'beat'는 흔히 '때리다', '이기다'로 해석되는데, 사실 그 안엔 '먼저'라는 의미도 내포되어 있어요. '먼저 이기다', '먼저 때리다', '먼저 가다'의 뜻인 거죠. 그래서 'beat someone to it'이라고 하면 '누가 먼저 하기 전에', '누가 먼저 가기 전에'라는, 다시 말해 '한 발 앞서다'란 의미가 되는 거예요. 이 표현에는 반드시 'to it'이 들어가야 해요. 다음의 문장들로 이 표현을 좀 더 익혀볼까요?
- 철업디 beat me to it. = 철업디가 나보다 선수를 쳤네요.
- I was going to buy that book, but someone else beat me to it. = 내가 그 책을 사려고 했는데 누가 선수를 쳤어.

소귀에 경 읽기야.

바로 듣기

아들에게 스마트폰 좀 그만하라고 아무리 잔소리해도 안 듣네요. 한국에선 이럴 때 '소귀에 경 읽기'라는 속담을 쓰잖아요? 영어로는 어떻게 해야 하는지, 제 얘기를 진지하게 들어주시는 두 분께서 좀 알려주세요.

'소 귀에 경 읽기'는 백날 천날 아무리 말해도 못 알아듣는다는 뜻이잖아? 그러니까 'You never listen. (넌 절대 안 듣네.)'

그건 상대가 어떤 '의도' 때문에 내 말을 안 듣는다는 걸 지적하는 문장이에요. 말귀는 충분히 알아들었지만 모르는 척하는 태도 말이에요. 그런데 '소귀에 경 읽기'는 아예 말귀 자체를 알아듣지 못한다는 뜻 아닌가요?

'Don't you understand what I mean?(내가 의미하는 걸 너는 이해 못하겠니?)'

나쁜 문장은 아니지만, 소에게는 아무리 말을 걸어도 대화 자체가 안 되지 않을까요?

▶▶ 그래서, 타일러가 준비한 표현은?

233

555

It's like talking to a wall.

---

* **해석**　그건 벽에 대고 말하는 것과 같아요.

Check!

* it's like talking to ~ - ~에게 말하는 것과 같다
* wall - 벽, 담

한국어에도 이와 비슷한 표현이 있죠? 사춘기 자녀와의
대화가 잘 되지 않을 때 부모님들이 '꼭 벽에 대고 말하는 거
같다.'라는 표현을 쓰는데, 재미있게도 영어에서 또한 이런
상황을 '벽'에 비유해요.
진미영에선 한국의 사자성어나 속담을 종종 영어로 바꿔본
적이 있는데, 이번 기회에 그것들을 다시 찾아보면서
복습해보세요. 앞서 배운 '유유상종 = 끼리끼리 논다. = Birds
of a feather.'도 한 예가 되겠네요.^^

234

- 내 입에는 안 맞아요.

- 너 모기한테 물렸네?

- 만장일치로 결정했어요.

- 걔 잠수 탔어.

- 저흰 결혼 30년 차에요.

- 혹시 짚이는 데 있니?

- 너 사람 보는 눈이 있네.

- 방금 한 말은 취소할게요.

- 혹시 모르니 우산 챙기세요.

- 한국의 가을은 단풍이 참 예뻐요.

- 그 사람 앞에만 가면 주눅이 들어요.

- 뜸들이지 말고 말해.

- 나 그럴 기분 아니야.

- 그녀가 너보다 선수를 쳤네.

- 소귀에 경 읽기야.

- That's not my favorite.

- You got a mosquito bite.

- We decided unanimously.

- She's MIA.

- We've been married for 30 years.

- Do you have a hunch?

- You're good at reading people.

- I take it back.

- Take your umbrella just in case.

- The foliage in Korea is beautiful in the fall.

- I feel so intimidated by him.

- Spit it out.

- I'm not in the mood.

- She beat you to it.

- It's like talking to a wall.

556

질투 나서 죽겠어요.

바로 듣기

동생이 다이어트에 성공해서 26킬로그램이나 감량했어요. 멋지게 차려입고 데이트 나가는 모습을 보니 질투 나서 죽겠더라고요. 이젠 저만 뚱뚱하네요. 제 마음을 영어로 표현하는 게 가능할까요?

 이젠 나만 뚱뚱해서 질투가 나는 거잖아. 'I'm the only one who's fat.(나는 뚱뚱한 사람 중 유일해요.)'

 '질투 난다'의 의미가 전혀 들어 있지 않네요. '질투'라는 뜻의 영어 단어를 떠올려보세요.

 그럼 그대로 직역해볼게. 'I think I'm going to die, because so jealous.(난 죽을 것 같아, 너무 질투 나서.)'

 '질투가 많은'이라는 의미의 'jealous'를 잘 떠올렸네요. 훌륭해요!

▶▶ 그래서, 타일러가 준비한 표현은?

I'm so jealous.

* **해석**   난 너무 질투가 나요.

* jealous – 질투가 많은, 시샘하는

타일러 Tip

무엇 혹은 누구 때문에 질투 나는 건지를 좀 더 설명하고
싶다면 오늘의 표현 뒤에 'of ~'를 붙여주세요. 'I'm so
jealous of you.(난 너 때문에 질투 나 죽겠어.)'라는
식으로요.
흔히 '질투 나다'라고 하면 'envy'를 떠올리기도 하죠? 하지만
'I'm so envious of you.' 또는 'I envy you.'라고 하면
의미가 크게 달라져요. 이 문장들은 부러움과 질투 때문에
상대가 너무너무 미워진다는 뜻이거든요. 때문에 이렇게
표현하면 상대는 '내가 너한테 뭘 잘못했는데?' 하며 불쾌해할
거예요. 그러니 질투의 감정과 대상을 잘 보고 상황에 맞게
'jealous' 혹은 'envious'를 사용해야 한답니다.

우리도 밑지고 파는 거예요.

바로 듣기

외국인 동료와 길을 가다가 폭탄세일 중인 가게 앞을 지나게 되었어요. 거기엔 '사장님이 미쳤어요'라고 인쇄된 현수막이 걸려 있었고요. 동료가 그 문구의 뜻이 뭐냐고 제게 물었는데, 밑지고 판다는 걸 영어로 설명하지 못하겠더라고요. 도와주세요!

 밑지고 판다는 건 거저 준다는 뜻이니 'Buy this, we are equal.(이거 사세요, 우린 동등해요.)'는 어떨까?

 'equal'은 수학시간에 배운 '등호(=)'죠? 근데 이 단어를 쓰려면 무엇과 무엇이 동등한지도 함께 밝혀줘야 해요. 그러니 오늘의 상황과는 어울리지 않죠.

 '손해'란 뜻의 'loss'를 써서 'Buy this, we gonna loss.(이걸 사세요, 우린 잃을 테니까.)'

 아주 좋아요. 그 문장을 좀 더 다듬어볼까요?

 'We gonna loss it, if we are going to sell this.(우리가 이걸 팔려고 한다면, 우리는 잃을 것입니다.)'

 일단 'sell'과 'loss'는 잘 떠올리셨네요.

▶▶ 그래서, 타일러가 준비한 표현은?

We are selling at a loss.

---

* **해석**　우리는 손해를 보고 판매하고 있어요.

* selling(sell의 현재진행형) – 판매 중이다
* loss – 잃어버림, 손해, 손실

타일러
Tip

'sell at a loss'은 문구의 뜻 자체가 '손해 보고 팔다'예요.
숙어처럼 사용되죠.
사실 이 표현은 손님들에게보다는 직원들끼리, 또는 다른
가게의 사장님 등에게 말할 때 사용되곤 해요. 손해 보고
판다는 말은 아무래도 손님에게 부담을 주기 쉬우니까요.
이 말을 듣고 나면 어쩐지 꼭 사야 할 것 같고 마음이 좀
무거워지기 마련인데, 미국인들은 그런 상황을 싫어해요.
하지만 부동산 분야에선 예외예요. 집을 갑자기 팔아야 할 땐
어쩔 수 없이 싸게 내놓잖아요? 그런 경우에 'I have to sell
at a loss.(난 손해를 보고서라도 팔아야 해요.)'라고 자주
이야기한답니다.

고급진 우리말과 영어(고우영)

바로 듣기

바가지 좀 긁지 마.

우리말 중에 '바가지를 긁다'가 있잖아요. '아내가 남편에게 불평·불만을 늘어놓으면서 잔소리를 하다'라는 뜻이라는데, 이 표현을 영어로 바꿀 수 있을까요?

'바가지를 긁다', 이 말의 유래를 혹시 알아?

의학 기술이나 상식이 없었던 오래전에, 전염병이 돌면 귀신이 몰고 온 거라 여겨 그 귀신을 쫓아내려고 바가지를 박박 긁어 소리를 낸 데서 비롯되었던데요? 부부들 사이에선 배우자의 나쁜 습관을 잔소리로 박박 긁어 쫓아내려고 이 표현을 쓰게 된 게 아닐까 싶네요.

역시 잘 아네. 그럼 잔소리 심한 배우자에게 하는 '바가지 좀 긁지 마.'를 영어로 한번 바꿔볼까? 'Don't make me tired.(나를 피곤하게 만들지 마.)'

좋긴 한데 좀 더 단순하게 생각해볼까요? '바가지 긁지 마.'는 '잔소리 좀 하지 마.'와 통하겠죠?

▶▶ 그래서, 타일러가 준비한 표현은?

241

Quit nagging.

---

* **해석**　잔소리 좀 그만하세요.

* quit ~ - ~을/를 그만하다
* nagging - 잔소리, 들들 볶음

'nagging'은 'nag', 즉 '성가시게 잔소리하다', '바가지 긁다', '끈질기게 괴롭히다'라는 동사의 명사형이에요. '바가지를 긁다'라는 한국어는 부부 사이에서 주로 사용되는 데 반해 'nagging'은 부모님이 자녀에게, 사장님이 직원들에게 하는 모든 잔소리를 일컫는 표현이니 다양하게 활용해보세요.

- My kids hate my nagging. = 아이들은 내 잔소리를 싫어해요.
- My mom is always nagging me about studying.
  = 울 엄마는 맨날 공부 좀 하라고 잔소리해.

고급진 우리말과 영어(고우영)

바로 듣기

짐작도 못 했어요.

사전에서 '짐작하다'라는 말을 찾아보니 '사정이나 형편 따위를 어림잡아 헤아리다'라고 나와 있더라고요. '짐작'의 한자는 '헤아릴 짐(斟)'과 '술 부을 작(酌)'이고요. 한자도 알게 되었으니 내친 김에 이 표현을 영어로도 배워보고 싶어요.

 '짐작하다'의 유래 알아?

 '짐작'의 한자를 잘 풀이해보면 돼요. 술잔에는 술을 적당히 따라야 하잖아요. 너무 적게 따르면 성의 없어 보이고, 많으면 넘쳐서 마시기가 힘들고요. 그러니 '적당한 선까지 어림잡아 술을 따른다'는 의미에서 시작된 말이에요.

 그럼 영어로 시도해볼게. 가령 누군가 비밀리에 사내연애 중이었는데, 동료들이 나중에서야 알게 되면 '짐작도 못 했어.'라고 하잖아. 'I really didn't know.(나는 진짜 몰랐어.)'는 어떨까?

 그런 방향이긴 한데, 더 적당한 영어 표현이 있어요.

▶▶ 그래서, 타일러가 준비한 표현은?

I had no clue.

---

* **해석**　　나는 실마리가 전혀 없었어요.

Check!

* clue - 실마리, 단서

타일러 Tip

'짐작을 못 하다'는 '어떤 추측도 못 하다', '감도 못 잡다'라는 뜻이잖아요? 'clue'는 'hint'와 의미가 같아요. 때문에 오늘의 표현은 '어떠한 단서도 없어서 맞춰볼 수가 없었다.', 즉 '짐작도 못 했다.'란 의미가 되는 거랍니다. 방 탈출 게임이나 다 함께 퀴즈 풀이를 할 때에도 'I don't know.'와 비슷한 의미로 쓸 수 있어요.

- Oh, no…. I have no clue. = 오, 제발… 난 짐작도 못
  하겠어.
- I have no clue what you are talking about. = 난 네가
  무슨 말을 하는 건지 전혀 모르겠어.

560

콩나물시루 속의 콩 같아요.

바로 듣기

주말에 한 지역 축제에 갔는데 사람이 엄청나게 많더라고요. 이럴 때 우린 '콩나물시루 속의 콩 같다.'라는 표현을 쓰는데, 영어에도 비슷한 말이 있을까요?

 '붐비다', '꽉 들어차다'란 단어 'crowd'를 써서 'Wow, too crowded.(와, 너무 붐비네요.)'

 'Wow, it's so crowded.'가 보다 자연스럽긴 한데, 오늘의 상황과는 좀 안 맞네요. 만원인 지하철 안처럼 사람이 너무 많아 답답한 상황을 상상해보세요.

 'Too packed.(너무 꽉 들어찼어.)'

 오호, 'packed'를 생각해낸 게 정말 좋네요! '꽉 들어찬', '가득한'의 뜻이니까요.

 그럼 좀 재밌게 표현해볼게. 'There are a lot of foods in the refrigerator.(냉장고 속에 음식이 엄청 많아요.)'

 매우 귀여운 표현이네요. 물론 의미는 안 통하겠지만요.

▶▶ 그래서, 타일러가 준비한 표현은?

245

Like sardines in a can.

---

* 해석 통조림 안에 있는 정어리처럼.

* like ~ - ~ 같은
* sardines - 정어리들
* can - 통조림

타일러
Tip

한국인에겐 익숙하지 않겠지만, 정어리 통조림은 미국 사람들에게 많이 친숙한 식재료라 이런 표현이 생겨났을 거예요. 자유롭게 바다를 누벼야 할 정어리들이 통조림 안에 갇혀 있으면 어떨까요? 엄청나게 꽉 막히고 답답한 느낌이 들겠죠? '콩나물시루 속의 콩' 대신 '통조림 속의 정어리' 이미지로 바꿔보면 좀 더 편하게 외울 수 있을 거예요.

561

제 카드에 (잔액이) 얼마나 남아 있나요?

홍콩과 대만에 여행을 갔을 때, 한국에서 그랬던 것처럼 거기에서도 교통카드를 충전한 뒤 그걸로 버스를 타거나 편의점에서 물건을 사곤 했어요. 그러다 가끔 잔액이 얼마나 남았는지 묻고 싶었는데 어떻게 말해야 할지 모르겠더라고요. 알려주세요..!

 '잔액'은 'balance'니까 'Can you check my balance of card?(제 카드 잔액을 확인해주시겠습니까?)'

 의미는 통할 텐데 너무 딱딱해요. 우리만 봐도 그냥 쉽게 '얼마 남았어요?'라고 묻잖아요?

 'Excuse me, tell me what is left my card?(실례지만, 제 카드가 뭐가 남았나요?)'

 문법엔 안 맞지만 'left'와 'my card'는 아주 좋아요.

 그럼 간단하게 표현해볼게. 'Tell me my left card?'

 철업디 왼쪽에 있는 카드를 말해달라는 건가요?^^

▶▶ 그래서, 타일러가 준비한 표현은?

247

561

How much is left on my card?

* **해석** 제 카드에 얼마가 남았나요?

Check!

* how much – 얼마인가요?
* left(leave의 과거형) – 떠났다, 남겨됐다
* on my card – 내 카드에

타일러 Tip

오늘의 표현에 들어 있는 'left'는 '왼쪽'이란 뜻의 명사와 철자가 같지만 'leave'의 과거형이에요. '떠났다', '남겼다'는 의미죠.

- How much time is left? = 시간이 얼마나 남았나요?
- How much water is left in the bucket? = 양동이에 물이 얼마나 남았나요?

248

눈독들이지 마.

바로 듣기

제겐 쌍둥이 동생이 있는데, 저와 체형이 비슷해서 그런지 자꾸 제 코트나 신상 물건들에 눈독을 들이네요. 그러지 말라고 영어로 한마디 해주고 싶어요.

'눈독'은 욕심내서 눈여겨보는 걸 말하는 거니까 영어로 '눈독들이지 마!'는 'Don't eyes-poison.'가… 아니겠지?

하하하! 재미로 해본 거죠? 다시 생각해보세요.

아! <위기의 주부들>이라는 미국 드라마에서 여주인공인 '에바 롱고리아'가 자신의 액세서리를 탐내는 옆 동네 아줌마들에게 한 말이 있었어. 숙어처럼 그냥 외워둔 건데… 'Don't even think about it.(그것에 대한 생각은 하지도 마.)'

완벽해요. 오늘 제가 준비한 정답과 정확히 일치하네요!

▶▶ 그래서, 타일러가 준비한 표현은?

562

Don't even think about it.

---

* 해석   그것에 대해 생각조차도 하지 마.

Check!

* even ~ – ~조차, ~마저도
* think – 생각하다

타일러 Tip

눈독 들이지 말라는 건 '꿈도 꾸지 마.', '엄두도 내지 마.'란 뜻이죠. 뭔가를 사달라거나 먹고 싶다며 자꾸 조르는 아이들에게 귀여운 억양과 말투로 경고할 때에도 오늘의 표현을 쓰곤 한답니다.

이 표현에서는 'even'을 꼭 써야 해요. 'even'이 빠진 'Don't think about it.'은 '그것에 대해 생각하지 마.'라는 단순한 뜻이지만, 'even'이 들어가면 '절대로', '한층 더', '심지어'라는 뜻이 되거든요. 그러니 강하게 말해야 할 때 'even'을 넣어주면 좋겠죠?

- Don't even go there. = 거기까지 가지도 마. = 그 얘기는 꺼내지도 마.

초보운전!
아이가 타고 있어요.

바로 듣기

운전을 하다 보면 차 뒷부분에 재밌는 초보운전자용 문구를 붙여둔 분들이 많던데, 미국에서도 초보운전자들이 이런 표시를 하나요? 아이가 타고 있다는 표현을 영어로도 해보고 싶어요.

 운전을 막 시작한 거니까 'Drive beginner! Baby's here.(초보 운전자! 아기가 여기에.)'

 그렇게 표현하진 않아요. 초보운전자라면 아직 운전에 대해 잘 알지 못하는 사람이겠죠. 그럼 뭘 해야 할까요?

 'Driver is carefully.(운전자는 조심히.)'

 '초보운전'이라는 네 글자처럼, 미국에도 이에 맞게 딱 정해진 표현이 있어요. 알려드릴까요?

▶▶ 그래서, 타일러가 준비한 표현은?

Student driver!
Baby on board.

＊해석　운전 교습생! 아기가 타고 있어요.

＊ student driver - 운전 교습생
＊ on board - 탑승한, 탑승해 있는

타일러 Tip

미국의 초보운전자들은 'Student driver'라는 문구를 차에 붙여두곤 해요. 미국에선 정식 면허증 전에 '연습증'이란 걸 받아요. 조수석에 성인을 태우고 운전 연습을 해도 된다는 증명서죠. 운전은 할 수 있지만 좀 더 배워야 한다는 뜻에서 'student'를 덧붙이는 거랍니다.

오늘의 표현에서 'student driver'는 '초보운전'처럼 딱 정해져 있는 문구지만 뒷부분은 그렇지 않으니 원하는 대로 바꿔도 돼요. '아이가 타고 있어요. = Baby on board.', '연습 중인 운전자 = Driver in training' 등으로요.

'on board'는 자동차뿐 아니라 비행기나 배를 타는 것도 모두 'on board'라 표현한다는 점을 참고로 알아두세요.

그 사람, 악의는 없어요.

바로 듣기

저희 부장님은 재미없는 개그를 많이 하시는데, 그래서인지 직원들이 부장님을 슬슬 피하며 멀리하곤 해요. 부장님이 악의가 있어서 그런 건 아니라는 말을 외국인 동료에게 해주고 싶어지더라고요.

 '악'이 들어가서 그런지 이 표현이 딱 떠오르네. 'He's not devil.(그는 악마가 아니야.)'

 와우, 너무 심각한데요? '악의'는 나쁜 의도를 말하는 거니까 그런 의도가 없다는 걸 표현해야죠.

 'He's not bad intend.(그는 나쁜 의도는 아니야.)'

 정답은 아니지만 방향이 좋았어요. 'intend'는 '의도하다', '목적을 가지다'란 뜻이니까요.

▶▶ 그래서, 타일러가 준비한 표현은?

253

564

He means no harm.

* **해석**　　그는 해를 끼치려는 의도가 아닙니다.

Check!

* mean ~ - ~의 의미를 가지다, ~의 뜻이다
* harm - 해, 손해, 해악

**타일러
Tip**

악의가 없다는 건 나쁜 의도, 즉 해를 입힐 생각이 없다는
뜻이겠죠? 오늘의 표현은 '걘 그냥 그렇게 하는 거야~'라는
의미로 일상 대화에서 가볍게 자주 사용돼요. 'no harm'이
들어간 다른 표현들로는 무엇이 있는지 함께 살펴볼까요?
- No harm done. = 손해는 없었어. = 문제없어./괜찮아.
- No harm, no foul. = 해롭지도 않고, 반칙도 없어. = 별것
　아냐.
참고로 오늘 청취자분의 사연에서 나온 '아재개그',
'썰렁개그'를 미국에선 'lame joke'라고 해요. 재미없고
시시콜콜한 농담을 뜻한답니다.^^

변기 물 내렸니?

바로 듣기

남편에겐 변기 물을 안 내리는 습관이 있어요. 매번 물 내렸냐고 물어보는 것도 지치는데, 영어 표현을 배워서 다양하게 잔소리를 해가며 습관 좀 고쳐주고 싶네요.

 미국에서 변기는 'toilet'이라고 했잖아. 화장실은 'restroom'! 맞지? 해볼게. 'Toilet water down.(변기 물 아래로.)'

 뭔가 많이 어색하지만 'toilet'을 생각해낸 건 매우 좋았어요. 그럼 물은 어떻게 내려가는지 생각해볼까요?

 물을 내렸냐는 건 변기를 깨끗하게 썼냐고 묻는 것과 같지 않을까? 'Did you clean up the toilet?(변기 청소했니?)'

 깔끔하게 쓰는 게 좋은 것이긴 한데… 그게 물을 내렸다는 건 아니죠?

▶▶ 그래서, 타일러가 준비한 표현은?

Did you flush the toilet?

* **해석**   변기 물을 내렸니?

* flush - 왈칵 흘러나오다, (액체가 한꺼번에) 쏟아져 나오다
* toilet - 변기 (영국과 호주 영어에서는 '화장실')

타일러
Tip

'flush'는 위에 나온 뜻의 단어지만, '얼굴이 확 붉어지다'란
의미도 있어요. 피가 얼굴에 쏠려서 빨개지는 걸 뜻하죠.
- He is flushed with anger. = 그는 노여움에 얼굴이
  시뻘개졌다.
그런데 '변기 물 내렸니?'라는 표현에 왜 'flush'가 들어가게
된 걸까요? 옛날 변기는 물통이 위에 달려 있어서, 줄을
잡아당기면 가득 담긴 물이 한꺼번에 내려가는 구조였어요.

'flush'는 이처럼 물이 단번에 쏟아져 내려가는 걸 의미해요.
아주 오래전부터 써온 표현이라 변기 모양이 바뀌었어도
그대로 사용되고 있는 거랍니다.

요즘 날씨가 참 변덕스러워요.

바로 듣기

요즘엔 날씨가 엄청 변덕스럽네요. 한낮엔 쨍하고, 해가 지면 너무 춥고, 황사가 몰려오다가 또 어떤 날은 맑았다가… 이렇게 날씨가 변덕스럽다는 걸 외국인 동료에게는 어떻게 표현할 수 있을까요?

'변덕스럽다'가 영어로는 'whimsical'이잖아. 이걸 써볼게. 'The weather is whimsical.(날씨가 변덕이야.)'

'whimsical'은 뭔가가 신비롭게 바뀌는 모양을 의미해요. 마치 누군가 마법을 부린 것처럼 변덕스럽게 변화하는 것에 어울리는 단어죠.

'The weather is changeable.(날씨가 변덕스러워.)'

'changeable'도 '변덕스러운', '변하기 쉬운'이란 뜻이긴 한데, 그 문장은 '내가 바꿀 수 있다'는 의미를 가져요. 내가 막 마법을 부려서 날씨를 변덕스럽게 바꾼다는 뜻이죠.

▶▶ 그래서, 타일러가 준비한 표현은?

257

566

The weather's really off and on nowadays.

*** 해석**   요즘 들어 날씨가 정말 왔다갔다 해요.

Check!

* off and on - 왔다갔다 하다, 오락가락하다
* nowadays - 요즘 들어, 요즘에는

타일러 Tip

오늘의 표현에선 날씨가 '왔다갔다 하다'를 'off and on'으로 나타냈는데, 앞뒤를 바꿔 'on and off'라고 하면 좀 어색해요. 한국말로도 '왔다갔다'가 아닌 '갔다왔다'라고 하면 의미는 통하지만 어딘가 좀 어색하잖아요? 그런 느낌이니 이 표현은 그냥 외워두세요.

- I've been in a relationship off and on for eight years. = 난 지난 8년 동안 만났다가 말았다가 하면서 연애하고 있어요.

잠깐만 있어봐요.
지갑 좀 갖고 올게요.

바로 듣기

얼마 전 외국인 동료와 외근을 나가던 길에 지갑을 사무실에 두고 나왔다는 걸 뒤늦게 깨달았어요. 동료에게 '잠깐만 있어봐. 지갑 좀 가져올게.'라고 말해주고 싶었어요.

'Wait! Just moment please. I'll bring with my wallet. (잠깐만! 잠시만 기다려주세요. 지갑을 가져올게요.)

서비스업 분야의 분들이 매우 정중하게 쓰는 표현 같아 어색해요. 오늘의 표현은 두 문장짜리니 생각도 둘로 나눠보세요. 우선 '잠깐만 있어봐.'는 영어로 뭘까요?

'Hold on. (잠깐만요.)' 맞지?

오, 맞아요. 그럼 그 뒤의 '지갑 좀 가져올게요.'는요?

'I need my wallet. (난 내 지갑이 필요해.)'

지갑을 가지러 다녀오겠다는 의미가 없네요.

▶▶ 그래서, 타일러가 준비한 표현은?

259

Hold on, let me go get my wallet.

---

* **해석**   잠깐만요, 지갑 좀 가져올게요.

Check!

* hold on - 잠깐만 기다려주세요
* let me go - 내가 가게 해줘요
* get my wallet - 내 지갑을 가지러

타일러 Tip

철업디가 처음에 쓴 'Just moment please.(잠시만 기다려주세요.)'는 좀 딱딱하고 잘 쓰지 않는 표현이에요. 요즘은 어디서든 'Hold on, just second.(잠시만 기다려 봐요.)'라고 하죠. 또 오늘의 표현에 있는 'Hold on, let me ~'는 한 덩어리처럼 묶어서 기억해두는 게 좋아요.

- Hold on, let me think about it. = 잠깐만요. 생각 좀 해볼게요.
- Hold on, let me check my schedule. = 잠깐만요. 스케줄 체크 좀 해볼게요.

568

그녀는 놓치기 아까운 사람이에요.

바로 듣기

후배 결혼식에 다녀왔어요. 왜 이렇게 서둘러 결혼하냐고 후배에게 물었더니 여자친구가 놓치기 아까운 사람이라서 그랬다네요. 그 표현이 아주 멋진 것 같아 영어로도 알아두고 싶어졌어요.

'She is a valuable person.(그녀는 가치 있는 사람이에요.)'

좋아요! 놓치기 아깝다는 말을 '가치 있다'로 바꿔서 생각해낸 게 아주 좋았어요.

'She is my MVP(그녀는 나의 MVP에요.)'

That's great! 이 표현을 상대가 들으면 정말 좋아하겠네요!

▶▶ 그래서, 타일러가 준비한 표현은?

261

She is a keeper.

* **해석**   그녀는 지켜야만 하는 가치 있는 대상이에요.

Check!

* keeper – 지키는 사람

타일러 Tip

'keep'은 '지키다'란 뜻이에요. 'Keep her!'라고 하면 '그녀를 지켜!'라는 의미죠.

근데 오늘의 표현에서처럼 'keep'이 'keeper'라는 명사형으로 바뀌면 '지켜야 하는 대상'이란 뜻이 돼요. 좀 더 풀어서 해석해보자면 버리기 아깝고, 가치가 높고, 그래서 내가 꼭 갖고 있어야만 하기 때문에 지켜야 하는 대상이라고 이해하면 돼요.

하지만 'keeper'가 꼭 사람이어야 할 필요는 없어요. 가령 새로 이직한 직장이 매우 마음에 들 때에도 'I think my job is a keeper.(내 직장은 놓치기 아깝다고 생각해요.)'라 하니까요. 아, 이것도 좋은 예문이 되겠네요. '진미영 is a keeper!(진미영은 놓치기 아까워요!)'

262

엎어지면 코 닿을 거리예요.

바로 듣기

저는 건강을 위해 얼마 전부터 걷기 운동을 시작했어요. 그런데 제 동료는 회사 주변의 식당에도 차를 타고 가려고 하더라고요. 엎어지면 코 닿을 거리라고 잔소리 좀 했는데, 그걸 들은 외국인 동료가 어떤 의미인지 궁금해하네요.

 'Just walk, so close.(그냥 걸어요. 아주 가까워요.)'

 의미가 통하긴 해요. 근데 '엎어지면 코 닿을 거리'에 딱 맞는 영어 문장이 있어요.

 맞는진 모르겠지만, 예전에 '크리스마스가 코앞이야.'라고 할 때 배운 표현이 떠오르네. 'Hey, just around the corner.(이봐, 바로 저 모퉁이에 있잖아.)'

 와아, 깜짝 놀랐어요! 완벽한 답이에요. 팡파레 들려드릴게요!

▶▶ 그래서, 타일러가 준비한 표현은?

263

It's just around the corner.

---

* 해석　바로 저 모퉁이에 있어요.

* just around - 바로 근처
* the corner - 모퉁이, 코너

타일러
Tip

오늘은 철업디 덕분에 제가 하나 배웠어요. 저는 오늘의
표현이 공간이나 거리상으로 가까운 무언가에 대해서만
사용된다고 생각했거든요. 시간적 상황에서도 쓴다는 점을
깜빡했던 거죠. 철업디가 말한 것처럼 'Christmas is just
around the corner. = 크리스마스가 코앞이야.'라는 문장,
혹은 'Victory is just around the corner. = 승리가
코앞이야.'라는 말에서도 사용되는 표현이에요.
참고로 '제가 근처에 있을게요.'라 말하고 싶을 때는 'I'll be
just around the corner.'라고 하면 되니 잘 기억해두었다가
한번 써보세요.

다 지난 일이에요.

바로 듣기

며칠 전 시험을 보고 온 외국인 친구가 아는 문제를 틀렸다며 우울해하더라고요. 하지만 이미 다 지난 일이고 엎질러진 물이니 후회할 필요가 없다고 위로해주고 싶었어요. 영어로는 어떻게 말해야 할까요?

 'go away(떠나가다)'를 써도 될까? 'It went away.(그건 떠나갔어.)'

 좀 어색해요. 이미 지나간 일이라 후회할 필요가 없다는 의미를 가진 문장이어야겠죠?

 아, 앞에서 '후회하지 말자!'의 표현을 배운 적이 있었지? 'Forget regret!'

 좋은 표현이에요. 근데 오늘의 상황에 딱 맞는 시적인 표현이 따로 있어요.

▶▶ **그래서, 타일러가 준비한 표현은?**

570

It's water under the bridge.

---

* **해석**　그건 다리 아래의 물이에요.

Check!

* water - 물
* under the bridge - 다리 아래의

타일러 Tip

다리 밑을 흐르는 물은 멈춰 있지 않고 곧바로 저 멀리 가버리니 붙잡을 수가 없죠. 그래서 오늘의 표현은 '이미 지나가버린 일이니 되돌릴 수 없어요.'란 뜻이에요. 누군가 과거의 일로 사과를 해 올 때, 그 사람에게 쓰곤 하는 표현이죠. 이와 비슷한 표현을 몇 개 더 알려드릴게요. 'Just move on.', 'Let's move on.'은 '이미 지난 일이니 다음으로 넘어가자.'란 뜻이에요. 또 'There's nothing you can do about it.'는 다 지난 일이라 어떻게 할 수 없다는 의미랍니다.

556 ~ 570

- 질투 나서 죽겠어요.

- 우리도 밑지고 파는 거예요.

- 바가지 좀 긁지 마.

- 짐작도 못 했어요.

- 콩나물시루 속의 콩 같아요.

- 제 카드에 (잔액이) 얼마나 남아 있나요?

- 눈독들이지 마.

- 초보운전! 아이가 타고 있어요.

- 그 사람, 악의는 없어요.

- 변기 물 내렸니?

- 요즘 날씨가 참 변덕스러워요.

- 잠깐만 있어봐요. 지갑 좀 갖고 올게요.

- 그녀는 놓치기 아까운 사람이에요.

- 엎어지면 코 닿을 거리예요.

- 다 지난 일이에요.

- I'm so jealous.

- We are selling at a loss.

- Quit nagging.

- I had no clue.

- Like sardines in a can.

- How much is left on my card?

- Don't even think about it.

- Student driver! Baby on board.

- He means no harm.

- Did you flush the toilet?

- The weather's really off and on nowadays.

- Hold on, let me go get my wallet.

- She is a keeper.

- It's just around the corner.

- It's water under the bridge.

중간에서 만나자.

바로 듣기

외국인 동료와 등산을 하기로 날을 잡았어요. 서로의 집이 반대편이라 중간에서 만나 함께 움직이자고 하고 싶었는데, 표현이 어려워서 그냥 한국어로 말했네요.

'Let's meet(만나자.)'라는 문구는 확실히 들어가겠지? 그러니까 그다음을 생각해볼게. 'Let's meet around the middle(중간쯤에서 만나자.)'

아주 좋아요. 제가 준비한 표현과 꽤 비슷하네요. 다만 'around' 대신 다른 표현을 한번 생각해보세요.

'Let's meet halfway between you and me(너와 나 사이의 중간에서 만나자.)'

그건 좀 어색해요. 두 사람이 만나기로 한 장소가 정확히 어디인진 모르니 '중간쯤 어딘가'에 해당하는 말이 들어가야 하지 않을까요?

▶▶ 그래서, 타일러가 준비한 표현은?

571

Let's meet somewhere in the middle.

---

* **해석**   중간쯤에서 만나자.

Check!

* let's meet – 만나자
* somewhere – 어딘가에서
* in the middle – 중간의

타일러 Tip

'somewhere'를 뺀, 즉 'Let's meet in the middle.
(중간에서 만나요.)'라는 문장도 많이 써요. 그럼에도
'somewhere'를 넣은 건 두 사람의 집이 서로 다른 곳에
있고, 그 두 지점의 중간이 어디인지에 대해 정확히 합의되지
않은 상황이기 때문이에요. 우선 한 명이 중간쯤에서 보자고
얘기하면 다른 한 명은 '그럼 어디서 볼까?'라고 묻겠죠?
그렇게 대화를 이어가면 돼요.
오늘의 표현은 추상적인 합의나 협상 시에도 자주 사용돼요.
연봉협상을 할 때, 서로가 원하는 조건이 다르면 'Let's meet
in the middle.(중간쯤으로 정하죠.)'라 하는 식으로요.

승산이 없는 게임이에요.

바로 듣기

누가 봐도 계란으로 바위 치기 같고 이기기 힘들 거라 여겨지는 게임이 있잖아요. 승부욕 강한 제 동료는 그런 경기를 매우 즐기는데, 그 동료에게 '승산 없는 게임'이라는 표현을 알려주고 싶어요.

확률이 희박하다는 거니 'It's not win game.(그건 이기는 게임이 아니야.)'라 하면 어떨까?

정확한 문장이 되려면 'It's not a winning game.'이라고 해야 하는데, 그 표현도 좋아요. 좀 더 자연스럽게 만들고 싶다면 '승산이 없다', 즉 '가능성이 없다', '방법이 없다'… 이런 쪽으로 생각해보세요.

'There's zero percent for winning.(그건 성공을 위해 0퍼센트예요.)'

의미는 굉장히 가까워요.

▶▶ 그래서, 타일러가 준비한 표현은?

572

There is no way you can win.

---

* **해석**   당신이 이길 수 있는 방법은 없어요.

Check!

* no way - 방법이 없다
* you can win - 당신이 이길 수 있는

타일러 Tip

철업디가 시도한 'It's not a winning game.'은 주로
투자수익률에 대한 이야기를 할 때 많이 쓰는 표현이에요.
투자를 하려는 누군가에게 '그렇게 하면 잘될 리 없어요.',
'그건 이기는 게임이 아니에요.'라고 할 때 말이에요.
하지만 오늘의 표현인 'There is no way you can win.'은 좀
달라요. 상대는 무언가에서 이기거나 잘되고 싶어 하지만, 내가
보기엔 방법이 없고 불가능해 보일 때 해줄 수 있는 말이에요.
청취자 분이 이야기해주신 상황과 딱 맞죠.

573

원숭이도 나무에서 떨어질 때가 있어요.

바로 듣기

저는 요리를 좋아하고 또 잘해요. 근데 얼마 전에 사람들을 초대해놓고서 뒤늦게 밥솥을 보니 취사 버튼 누르는 걸 깜빡한 탓에 밥이 안 됐더라고요. 원숭이도 나무에서 떨어질 때가 있다고 손님들에게 말해주고 싶었어요.

 우선 그대로 한번 직역해볼게. 'Monkey is fall down from the tree. (원숭이는 나무에서부터 떨어집니다.)'

 'Even monkeys fall out of trees sometimes.'라고 하면 훨씬 자연스럽고 뜻도 통할 거예요.

 그럼 생각을 좀 바꿔볼까? 누구나 실수를 한다는 의미로, 'People can make mistake.'

 원숭이는 나무를 가장 잘 타는 동물이니까, 오늘 표현엔 가장 뛰어난 사람도 실수를 한다는 뉘앙스가 필요해요.

 'No one is perfect.(누구든 완벽하지 않아요.)'

 '진짜 잘하는 사람'을 뜻하는 표현이 없네요.

▶▶ 그래서, 타일러가 준비한 표현은?

273

573

It happens to the best of us.

---

* **해석**　　정말 뛰어난 사람에게도 일어날 수 있는 일이에요.

Check!

* happen - 일어나다, 발생하다
* the best of us - 우리 중 가장 잘하는 사람

타일러 Tip

오늘의 표현을 직역하면 '우리 중 가장 뛰어난 사람에게도
일어날 수 있는 일이에요.'죠. 그래서 '누구든 다 그래.'라는
의미도 돼요.

경기에서 자신의 실수 탓에 팀이 패배했다고 자책하는
선수에게도 'It happens to the best of us.'라고 해줄 수
있죠. 오늘의 표현은 이렇듯 상대를 위로하고 격려할 때 많이
사용되니 여러 상황에서 응용해보세요.

우열을 가리기 힘드네요.

바로 듣기

제겐 승부욕 강한 두 친구가 있는데, 두 사람 모두 종종 제게 누가 더 낫냐고 묻곤 해요. 대답해주기가 쉽지 않고 우열을 가리기도 진짜 힘든데… 이럴 땐 영어로 뭐라고 해줘야 할까요?

'거기서 거기 같다', '차이가 없는 것 같다'란 의미잖아. 'There is no difference.(차이가 없어요.)'

맞아요. 그렇게 말해도 돼요. 그 문장을 조금만 더 발전시켜볼까요? 두 사람에겐 별 차이가 없으니 내가 해줄 말도 없겠죠? '뭐라 해줄 말이 없네.'에 해당하는 표현을 생각해보세요.

'Fifty to fifty.(50대 50이야.)'

아쉽지만 제가 원한 대답이 아니네요.

▶▶ 그래서, 타일러가 준비한 표현은?

275

It's a tough call.

* **해석**   어려운 판정이에요.

* tough - 거친, 완고한, 힘든, 어려운
* call - (심판이 호루라기를) 부는 소리, 판정

타일러
Tip

쇼핑을 갔다가 마음에 드는 가방을 두 개나 발견했는데, 둘 중
하나만 사야 할 때 'It's a tough call.'이라고 말할 수 있어요.
그런데 오늘의 표현이 왜 이런 뜻을 갖게 됐을까요? 이런
상황을 상상해보세요. 축구 시합을 하는데 반칙이 나오면
심판은 호루라기를 불고 판정을 내려야 하죠. 그럴 때 어떤
판정을 내렸는지 'call it'을 해달라고 해요. 심판이 판정을
내리는 소리를 'call'이라고 생각하면 이해하기 쉬울 거예요.
그래서 'It's a tough call.'은 판정을 내리기가 어렵다는
의미가 되는 거고요.

'tough'는 한국에서 누군가를 '터프 가이'라 칭할 때의 그
'터프'인데, '거칠다' 외에 '어렵다'의 의미로도 많이 사용된다는
점을 기억해두세요.

딱 한 번만 눈감아줄게요.

바로 듣기

저는 구내식당에서 일해요. 하루는 외국인 직원이 와서 한식과 양식 중 어느 쪽을 먹을지 고민하더군요. 선뜻 결정하지 못하는 그 직원에게, 오늘 한 번만 눈감아줄 테니 둘 다 먹으라고 말해주고 싶었어요.

 눈감아준다는 게 실제로 눈을 감는 건 아니잖아. 한 번 더 기회를 주겠다고 생각하면 되지 않을까? 'I will give your chance (기회를 줄게요.)'

 그렇게 말해도 돼요. 근데 오늘의 상황에선 이번 '한 번만' 눈감아주겠다고 상대에게 먼저 제안하는 거죠?

 'I will give your chance once (기회를 한 번 줄게요.)'

 좋아요. '한 번만'이라는 뜻의 'once'를 잘 생각했어요.

▶▶ 그래서, 타일러가 준비한 표현은?

575

Just this once.

---

* **해석** 이번 한 번만.

Check!

* just - 단지, 오직
* this once - 이번 한 번

타일러
Tip

위의 문장 외에도 한 번만 눈감아준다는 뜻의 표현이 많은데,
그중 하나를 더 알려드릴게요. 이번 한 번만 봐준다는 건 '이번
한 번만 못 본 척하다.', 즉 다른 쪽을 본다는 뜻이기도 하죠.
그래서 한 번만 봐달라고 할 때 'Look the other way.(다른
쪽을 보세요.)'라 하기도 해요.

오늘의 표현은 내가 누군가에게 한 번만 봐달라고 부탁할
때, 또 누군가를 한 번만 봐주겠다고 먼저 선심을 쓸 때 모두
사용돼요. 부탁하는 사람과 부탁을 들어주는 사람 모두가 쓸
수 있는 표현인 거죠. 예를 들어볼까요?

A : 엄마 오늘만 숙제 안하고 놀러 가면 안 돼요? 한 번만
     봐주세요.(Just this once, please.)

B : 그래. 이번 한 번만 봐주는 거야.(Okay, just this once.)

음식 좀 흘리지 마세요.

바로 듣기

제 남편은 밥을 먹을 때 밥이든 반찬이든 잘 흘려요. 집에선 그렇다 치는데, 밖에 나가서 먹을 땐 그렇게 부끄러울 수가 없네요. 흘리지 좀 말고 제대로 먹으라고 영어로도 잔소리 해주고 싶어요.

이런 습관을 고치려면 강하게 말해야 하지 않을까? 'Don't drop the rice or side dish.(밥이나 반찬을 떨어뜨리지 마.)'

무섭네요.^^ 밥이나 반찬을 흘리는 행동 자체보다는 결과물에 집중해보세요. 그렇게 식사를 하고 나면 식탁 주변이 어떻게 될까요?

더러워지겠지. 얼굴에도 덕지덕지 다 묻을 거고. 'Wash your face.(네 얼굴 좀 씻어.)'

하하하! 그 말을 들으면 그냥 세수하러 갈 것 같아요.

▶▶ 그래서, 타일러가 준비한 표현은?

Stop eating like a slob.

---

* 해석   거지처럼 먹지 마세요.

Check!

* stop eating - 먹지 마세요
* like a slob - 거지처럼

타일러
Tip

'slob'이란 단어가 어려울 수 있겠네요. 'slob'은 옷을 잘
안 빨고, 격식 차려야 하는 자리에도 아무렇게나 입고 가고,
먹다가 빨간 국물이 옷에 묻어도 신경 안 쓰는 그런 사람을
뜻해요. 한마디로 게으르고 지저분해서 난장판인 사람을
말하는 건데, 이것저것 흘리며 먹고 난 뒤의 모습도 딱 그렇게
보이겠죠? 'slob'이 사용된 다른 문장들도 살펴볼게요.
- My brother is such a slob. = 내 동생은 완전 지저분해.
- Will you love me even if I'm a slob? = 내가
  게으름뱅이라도 당신은 나를 사랑할 건가요?

남대문(지퍼)이 열렸어요.

바로 듣기

누군가의 바지 지퍼가 열려 있는 걸 보면 대놓고 알려주기 민망하니 '남대문이 열렸다'고 돌려서 얘기해주잖아요. 영어에도 이런 상황에서 에둘러 알려주는 표현이 있나요?

나라면 대놓고 말해줄 것 같아. 'Hey, your zipper is open.(이봐요, 당신 지퍼가 열렸어요.)'

맞아요. 그렇게 해도 돼요. 근데 다 들리는 데서 큰 소리로 말하진 않겠죠? 상대가 민망해하지 않게 비유적으로 얘기하고 싶다면 뭐라고 해야 할까요?

'Hey, be careful of your pants' zipper.(이봐요, 당신 바지 지퍼를 조심하세요.)'

아니에요. 그렇게 말하진 않아요. 한국어의 '남대문'처럼 영어에서도 어떤 장소에 빗대어 표현하는데… 힌트를 드리자면 미국의 도로를 달릴 때 흔히 볼 수 있는 장소랍니다.

▶▶ 그래서, 타일러가 준비한 표현은?

577

Your barn door is open.

---

* **해석**   당신의 헛간 문이 열려 있어요.

Check!

* barn – 헛간, 광, 외양간

타일러
Tip

한국에선 '남대문'이라고 칭하는 바지 지퍼를 영어에선 '헛간
문'에 비유한 게 재밌죠? 헛간이나 외양간의 문이 열려 있으면
그 안에 있는 중요한 물건을 누군가 훔쳐갈 위험이 있잖아요.
동물들이 있다면 다 도망가버릴 수도 있고요. 그럼 큰일이니
얼른 문을 닫으라고 알려주는 거예요.

양말 좀 뒤집어서 벗어놓지 마.

바로 듣기

남편은 신혼 때부터 양말을 뒤집어서 벗어놔요. 이젠 아이들도 그 버릇을 따라 하는데, 제 새해 목표인 영어 공부도 할 겸 남편에게 따끔하게 영어로 한마디 해주고 싶네요.

양말을 제대로 벗으라는 거니까 'Take your socks right.(양말을 똑바로 벗으세요.)'

문장이 좀 어색하네요. '벗어놓지 마.'라고 해야 하는 거니 뭔가를 하지 말라고 금지하는 문장 형태를 시도해 보세요.

'Don't take off your socks.(양말을 벗지 마세요.)'

그건 양말을 계속해서 쭈우욱 신고 있으라는 뜻인데요?

▶▶ **그래서, 타일러가 준비한 표현은?**

Don't leave your socks inside out.

---

* **해석**   양말을 뒤집어놓지 마세요.

* socks – 양말들
* inside out – 안쪽을 바깥쪽으로

타일러
Tip

'inside out'은 '안쪽을 바깥쪽으로'란 의미예요. 안쪽이 바깥쪽으로 가 있다는 건 안과 밖이 바뀌어 있다는 의미이고, 그래서 뒤집혀 있다는 뜻이 되죠. 자기 안의 감정들이 바깥의 모습을 컨트롤하면서 생겨난 이야기를 담은 애니메이션의 제목이 '인사이드 아웃'인 것도 이것과 같은 맥락이에요. 오늘의 표현은 아이들에게도 자주 쓸 것 같은데, 그런 것들로는 또 무엇이 있는지 몇 개 알려드릴게요.

- Put on your socks! = 양말 신자!
- Let's get dressed. = 옷 입자.

579

끝날 때까진 끝난 게 아니에요.

바로 듣기

도대체 왜 일은 해도 해도 끝이 없을까요? 영화 <공범>에서 손예진 배우가 했던 '끝날 때까진 끝난 게 아니에요.'란 대사가 계속 생각나는데, 영어 표현이라도 배우고 나면 일하는 게 좀 덜 억울할 것 같아요.

 이 표현, 팝송 제목에도 있잖아. DJ 하면서 종종 소개했던 곡이었는데… 아, 생각났다! 'It ain't over till it's not over.(끝날 때까진 끝난 게 아니야.)'

 기억에 약간의 오류가 있는 것 같네요. 그렇게 말하면 '안 끝났을 때까진 안 끝났어.'란 의미가 되거든요. 뭐가 잘못됐을까요?

 알아냈어! 'It ain't over till it's over.'

 완벽해요! 팡파레 울려드릴게요!

▶▶ 그래서, 타일러가 준비한 표현은?

It ain't over till it's over.

* **해석**   끝날 때까진 끝난 게 아니에요.

Check!

* it ain't over - 끝난 게 아니다
* till it's over - 끝날 때까진

타일러 Tip

오늘의 표현은 '결과가 어떻게 될지 아무도 모르니 끝까지 최선을 다하세요.'라는 뜻이에요. 좌우명 등에서 관용구로 진짜 많이 사용되죠.

철업디가 이야기했듯 이 표현은 유명 팝송의 제목이기도 해요. 레니 크라비츠(Lenny Kravitz)라는 가수가 1991년에 발표한 곡이었고, 그 외에도 많은 가수들의 노래 제목이 되었답니다. 유명 메이저리거 요기 베라(Yogi Berra)가 했던 말로도 많이 알려져 있고요.

간혹 이 표현에서 'ain't' 대신 'isn't'를 쓰면 안 되냐고 묻는 분들이 있는데, 상관없으니 그렇게 해도 돼요. 'ain't'은 약간 사투리 같은 느낌을 주는데, 정확한 이유는 모르겠지만 쉬운 발음을 위해 'isn't'를 대신하게 되었을 것 같네요.

580

오타 난 거 없는지
잘 확인해주세요.

바로 듣기

회사 후배 중 한 명은 오타 실수를 자주 저질러요. 결재받아야 할 서류에서도 그러는 탓에 난감해하는 경우가 많던데, 오타 난 거 없는지 잘 확인하라고 센스 있게 영어로 말해주고 싶네요.

 오타를 'wrong spelling'이라고 해도 될까? 'Check it out wrong spelling of your text.(본문에서 잘못된 철자를 체크하세요.)'

 'wrong spelling'은 오타를 뜻하는 표현이 아니에요. 오타가 생기는 건 타이핑이 잘못되었기 때문인 경우가 많지 않나요?

 'Check it out wrong type your text.(본문을 잘못 입력했는지 확인해보세요.)'

 표현은 어색하지만 'type'와 'check'를 생각해낸 건 좋았어요.

▶▶ 그래서, 타일러가 준비한 표현은?

287

Double check for typos.

* **해석** 오타가 있는지 다시 확인하세요.

Check!

* double check - 다시 확인하다
* typo - 오타

타일러
Tip

'double check(더블 체크)'는 한국에서도 일상적으로 많이
쓰는 말이죠. '제가 더블 체크 할게요.'라는 식으로요. 영어로는
'Let me double check.'라 하면 돼요.
'typo'는 '오타'란 뜻인데, 문법이나 철자를 몰라서
생긴 게 아니라 타이핑 과정에서의 실수 때문에 나온 걸
지칭하는 단어예요. 참고로 이 단어는 'typographical
mistake(인쇄상의 실수)'의 약어라고 하네요. 오늘의
표현에서 'typo'가 복수형인 'typos'로 사용된 건, 서류의
오타가 하나 이상의 여러 개일 수 있기 때문이랍니다.

마음이 너무 짠해요.

바로 듣기

유치원에 다니는 딸아이가 벌써부터 시험 스트레스를 받고 있네요. 그 모습이 너무 짠해서 번역기에 나온 'She is salty.'라는 문장을 원어민 선생님께 말해봤는데, 뭔가 매우 어색했어요.

 짠하다는 건 보기에 딱한 거잖아. 'What a pity (너무 가엾네요.)'

 'pity'는 '불쌍히 여김', '동정'이란 뜻이라 오늘의 상황과는 좀 안 맞아요. 짠하다는 감정은 내가 느낀 거죠? 그 감정을 표현해보세요.

 'It's so sad to me (그건 저에게 너무 슬퍼요.)'

 많이 발전했어요. 그 방향이긴 한데, 'sad'보다 더 슬픈 느낌을 전달하는 표현으론 뭐가 있을까요?

▶▶ 그래서, 타일러가 준비한 표현은?

289

It breaks my heart.

* **해석**   내 마음이 깨질 것 같아요.

* break ~ - ~을/를 깨다, 부수다
* my heart - 내 마음

타일러
Tip

오늘의 표현을 직역하면 '그것이 나의 마음을 깬다.'겠죠? 이걸
좀 더 자연스럽게 풀면 '내 마음이 깨질 것 같다.'가 돼요. 맨
뒤에 'to ~(~ 때문에)'를 넣어 다양하게 응용해볼 수 있죠.
- It breaks my heart to see you. = 당신을 보니 내 마음이
  너무 아파요.
- It breaks my heart to leave. = 떠나려니 마음이 너무
  아파요.
또 청취자 분이 이야기한 'She's salty.'는 문법적으로 맞지
않는 문장이라 'She's a salty person.'이라고 해야 해요.
'salty person'은 어떤 일에든 짜증이 나 있고 까칠한 사람,
대답도 짧고 예민한 사람을 뜻한답니다.

바로 듣기

하나를 가르치면
열을 아네요.

타일러는 철업디가 성대모사 하나를 알려주면 더 많은 걸 해내더군요. 한국어겐 '하나를 가르치면 열을 안다.'라는 속담이 있는데, 영어에도 이런 표현이 있을까요?

우선 그대로 직역해볼게. 'If I teach one, he knows everything.(내가 하나를 가르치면, 그는 모든 것을 알아요.)'

그렇게 말하면 상대도 이해는 할 텐데, 그보다 더 괜찮은 표현이 있어요. 오래전부터 전해 내려오는 관용구 같은 표현이니 오늘은 곧바로 알려드릴게요.

▶▶ 그래서, 타일러가 준비한 표현은?

Teach a man to fish.

* **해석**   사람에게 낚시하는 법을 가르쳐라.

* teach - 가르치다
* fish - 낚시하다

사실 오늘의 표현은 원래 다음 문장들의 일부예요. 'Give a man a fish and you feed him for a day. Teach a man to fish and you feed him for a lifetime.(남자에게 생선 한 마리를 주면, 그를 하루 동안 먹일 수 있습니다. 남자에게 물고기 잡는 법을 가르치면, 그를 평생 동안 먹일 수 있습니다.)' 그런데 이 문장이 너무 길기 때문에 짧게 줄여 핵심만 표현한 것이 바로 'Teach a man to fish.'예요. '하나를 가르치면 열을 안다.'는 한국 속담은 총기가 넘치고 똑똑한 사람이란 뜻이죠. 오늘의 표현은 '하나를 가르쳐서 열을 알게 하라.', 즉 독립적으로 살아가게끔 밑바탕을 깔아주라는 의미가 더 강하다고 할 수 있어서 준비해본 거랍니다.^^

역전할 수 있어요.

바로 듣기

친구들과 게임을 하던 중, 너무 뒤처지고 있는 친구를 응원해주고 싶어서 '힘내! 역전할 수 있어!'라고 하다가 궁금해졌어요. 이 말을 영어로는 어떻게 할까요?

'역전'은 지고 있다가 이기는 거니까 'Don't give up. You can re-win.(포기하지 마. 너는 다시 이길 수 있어.)'

하하! 're-win'이라…. 재밌긴 한데 영어에는 아직 없는 단어예요. 그리고 'win' 자체가 이미 이기고 있다는 뜻인데, 이기고 있는 걸 다시 이긴다니 말이 좀 안 되는 표현이네요.

'You can reverse.(당신은 뒤로 갈 수 있어요.)'

'reverse'가 '반대의', '뒤로 향하는'이란 뜻이긴 한데, 뒤로 가는 걸 의미하는 더 쉬운 단어가 있지 않나요?

▶▶ 그래서, 타일러가 준비한 표현은?

583

You can make a comeback.

* **해석**　　당신은 역전을 만들 수 있어요.

Check!

* make a comeback - 역전을 만들다

타일러 Tip

'comeback'은 '복귀', '재기'란 뜻의 단어예요. 예전에 'come back'과 같이 두 단어를 띄어 썼는데, 언제부턴가 하나로 붙여 사용되고 있죠. 아이돌 가수들의 활동 양상을 한번 떠올려보세요. 한창 화려하고 바쁜 시기를 보낸 뒤, 다음 앨범을 준비하며 방송에는 나오지 않는 휴식기를 가지잖아요? 그러다 다시 화려하게 활동을 시작하면 한국어로도 '컴백했다'고 하는데, 그것과 같아요. 원래는 잘했던 건데 현재 못 하거나 지고 있다가 'comeback'을 하면 다시 예전의 영광을 되찾게 되는 거죠. 그래서 '역전하다'는 의미로 쓸 수 있는 단어랍니다.

아끼지 말고 쓰세요.

바로 듣기

친구들과 오랜만에 여행을 떠나는 아내에게 맛있는 거 사 먹으라고 용돈을 주려 해요. 아끼지 말고 쓰라고 멋지게 말해주고 싶은데, 영어로도 해주면 더 근사하지 않을까요?

 부모님으로부턴 뭐든 아껴 쓰라는 잔소리를 듣기 마련인데, 이번엔 막 쓰라는 의미네. 'Hey, don't save it. Just use it.(이봐 저장하지 말고, 그냥 써.)'

 글쎄요, 그렇게 표현하진 않아요. 자신을 위해서 팍팍 쓰라는 뜻이 되어야겠죠?

 'It's okay to use··· 팍팍!(팍팍 써도 좋아요.)'

 하하! 오늘의 표현은 좀 어려울 수도 있겠네요.

▶▶ 그래서, 타일러가 준비한 표현은?

295

584

Treat yourself.

---

* **해석**　자신에게 한턱내세요.

Check!

* treat - 한턱내다, 대우하다
* yourself - 당신 자신, 당신 스스로

타일러 Tip

'treat'에는 '다루다', '대우하다'는 뜻이 있어요. 이 문장에서는 '아주 좋게 대하다', '너그럽게 대하다'란 의미이고, 그래서 자기 자신에게 너그럽게 대하라는 뜻이 되는 거죠. 일에 너무 치여 사는 사람에게 'Treat yourself!'라고 하면 '너 자신을 좀 챙겨!'라는 의미예요.
또 한국에선 흔히 한 달간 고생한, 혹은 어떤 일을 잘 끝낸 자신에게 '셀프 선물'을 한다고들 하죠? 그럴 때에도 영어로는 'I'm going to treat myself.'라고 하면 돼요. 나 고생했으니까 나 자신에게 한턱낸다는 의미랍니다.

296

꼭꼭 씹어 드세요.

바로 듣기

아들의 외국인 친구가 집에 놀러 왔는데, 점심을 차려줬더니 너무 급하게 먹더라고요. 꼭꼭 씹어 먹으라는 말을 해주고 싶었는데 'Slow~ slow~'라고밖에 못했어요.

나도 우리 조카가 어렸을 때 천천히 먹으라면서 'Slow~ slow~'라고 했는데, 잘못된 표현이지? 우선 '씹다'가 'chew'니까… 'Slowly chewing.(천천히 씹기.)'

의미는 전달될 테지만 진짜 미국식 영어는 아니에요. 정말로 빨리 먹을 땐 음식을 씹지도 않은 채 급하게 넘기지 않나요?

씹지도 않고 빨리 먹는 걸 두고 '밥을 거의 마신다.'고 할 때가 있지. 그러니까 'Do not drink.(마시지 마세요.)'

하하! 밥을 마신다고 표현하다니 정말 귀여운 발상이네요.

▶▶ 그래서, 타일러가 준비한 표현은?

585

Don't forget to chew.

* **해석**   씹는 걸 잊지 마세요.

Check!

* don't forget to ~ - ~하는 걸 잊지 마세요
* chew - 씹다, 깨물어 부수다

타일러 Tip

밥을 급히 먹어야 할 때면 씹지도 않고 거의 흡입하듯이 먹죠?
그래서 씹는 걸 까먹지 말라고 이야기하는 오늘의 문장도
'꼭꼭 씹어 먹어.'와 같은 의미가 되는 거예요.
좀 더 정확하게 'Make sure to chew.'라고 하면 '꼭꼭
씹어.'라는 뜻이 되지만, 지나칠 정도로 정확하게 일러주는
표현이라 이렇겐 말하지 않아요. 영어권에서는 행동을
과장하거나 재밌게 나타내려는 경향이 있거든요. 그래서 '꼭꼭
씹어 먹어.'라는 직접적인 표현 대신 '씹는 걸 잊지 마.'라고
돌려서 말하는 거랍니다.

- 중간에서 만나자.

- 승산이 없는 게임이에요.

- 원숭이도 나무에서 떨어질 때가 있어요.

- 우열을 가리기 힘드네요.

- 딱 한 번만 눈감아줄게요.

- 음식 좀 흘리지 마세요.

- 남대문(지퍼)이 열렸어요.

- 양말 좀 뒤집어서 벗어놓지 마.

- 끝날 때까진 끝난 게 아니에요.

- 오타 난 거 없는지 잘 확인해주세요.

- 마음이 너무 짠해요.

- 하나를 가르치면 열을 아네요.

- 역전할 수 있어요.

- 아끼지 말고 쓰세요.

- 꼭꼭 씹어 드세요.

- Let's meet somewhere in the middle.

- There is no way you can win.

- It happens to the best of us.

- It's a tough call.

- Just this once.

- Stop eating like a slob.

- Your barn door is open.

- Don't leave your socks inside out.

- It ain't over till it's over.

- Double check for typos.

- It breaks my heart.

- Teach a man to fish.

- You can make a comeback.

- Treat yourself.

- Don't forget to chew.

우린 비긴 거예요.

바로 듣기

팀을 나눠 간식내기 게임을 했지만 승부가 안 나서 비기고 말았어요. 'win'과 'lose'는 참 쉽게 사용했는데, 비겼다는 말은 어떻게 해야 할까요? 설마 '쌤쌤'은 아니겠죠?

 청취자 분이 말한 '쌤쌤'이 'same-same'인데… 이렇게 말하면 미국 사람들이 알아들을까?

 아마 못 알아들을 걸요? 미국식으로 생각해보세요.

 미국 드라마에서 이런 표현을 본 적 있어. 'We are even.(우린 비겼어요.)'

 나쁜 표현은 아니지만, 그 말은 '우린 평등해졌어.', 즉 서로에게 빚진 것 없이 똑같아진 상황을 뜻해요. 그래서 경기 결과를 두고 이야기할 때 쓰기엔 좀 부적합하죠.

 'No winner, no loser. So it's zero.(승자도 없고, 패자도 없어요. 그래서 0이에요.)'

 거기엔 비겼다는 의미가 전혀 없는걸요?

▶▶ 그래서, 타일러가 준비한 표현은?

301

It was a tie.

---

* **해석**   무승부예요.

Check!

* tie - 동점이 되다, 득점이 맞먹다

타일러 Tip

원래 'tie'에는 넥타이 같은 것들을 '묶다', '매다'의 뜻이
있지만, 오늘의 표현에선 '동점이 되다'라는 뜻으로 쓰였어요.
스포츠 경기를 보다 보면 이전에 기록한 것과 똑같은 점수가
나올 때 '타이 스코어'라 하거나, '세계 신기록과 타이 기록을
이뤘다.'라고 말하는 걸 들을 수 있죠. 이때의 '타이(tie)'가
바로 '동점이 되다'는 의미에서 사용된 거랍니다.

네 이에 뭐가 끼었어.

바로 듣기

얼마 전 진미영을 들으면서 '남대문 열렸어.'의 영어 표현을 배웠는데, 한 가지 더 궁금해진 게 있어요. 친구의 이 사이에 고춧가루가 끼어 있는 걸 보면 흔히 '너, 이에 붙났어.'라고 하잖아요. 이런 식의 표현도 영어에 있나요?

 직역해서 말해볼게. 'Hey, something in your teeth. (이봐, 네 이에 뭔가.)'

 시도한 방향은 아주 좋았어요. 근데 동사도 없고 주어도 없네요? 치아 안에서 뭘 한다는 거예요? 춤이라도 춘다는 걸까요?

 그럼 다른 쪽으로 방향을 바꿔볼게. 'See something, say something. (뭔가를 보고, 뭔가를 말해주세요.)'

 그건 테러 경고문의 느낌이네요. 이상한 걸 보면 곧바로 신고하라는 경고 같은 것 말이에요.

▶▶ 그래서, 타일러가 준비한 표현은?

303

You have something… (in your teeth.)

---

* **해석**　당신 (이에) 뭔가가 있는데…

* you have something - 당신은 뭔가를 가지고 있다
* in your teeth - 이(치아) 안에

타일러 Tip

청취자 분이 이야기한 것처럼, 얼마 전 '남대문(바지 지퍼) 열렸어요.'를 'Your barn door is open.'이라 한다고 알려드렸죠? 한국에서 바지 지퍼를 남대문에 비유하듯 영어에선 외양간, 헛간이 열렸다고 하는데, 이 사이에 뭐가 낀 것을 비유하는 표현은 없어요.
오늘의 표현을 실제로 쓸 땐 'in your teeth'를 빼는 경우가 많아요. 다른 사람들이 눈치채지 못하게 조심스럽게 다가가 '저기, 뭐가 있는데…(You have something…)'라고 하면 당사자가 알아서 거울을 볼 거예요. 한국어 표현도 그렇잖아요. 직접 대놓고 말할 때도 있지만, 공식적인 자리라면 '저기, 이에…' 정도만 해도 알아듣는 것과 같은 거죠.

저, 아이 생겼어요.

바로 듣기

드디어 제게도 아기천사가 찾아왔어요. 사람들에게서 많은 축하를 받고 있는데, 외국인 동료에겐 이 기쁜 소식을 제대로 전하지 못했네요. 그저 제 배를 가리키며 'baby'라고밖에 말하지 못해 속상했어요.

 'I have a baby.(난 아이가 있어요.)'

 그건 이미 낳아서 키우고 있는 아이가 있다는 뜻이에요.

 '임신한'이라는 의미의 영어 단어가 있잖아. 철자가 맞는진 모르겠지만 'pregnant'를 써볼게. 'I'm pregnant.(나는 임신했어요.)'

 좋아요! 완벽해요. 팡파레 울려드릴게요.

▶▶ 그래서, 타일러가 준비한 표현은?

305

I'm pregnant.

* **해석**   나는 임신했어요.

Check!

* pregnant - 임신한, 충만한

타일러 Tip

'I'm pregnant.', 'She's pregnant.'는 임신을 알리는
표현이에요. 때로는 'We're pregnant.'라 하는 부부도
있어요. 임신은 부부가 함께 노력해서 얻은 축복이고
선물이니까요.
철업디가 처음에 시도한 것처럼 'baby'를 쓰고 싶을 땐 'I'm
gonna have a baby.(저는 아이를 낳을 거예요.)'라 할 수도
있어요. 반대로 누군가가 이렇게 얘기하면 'Wow!', 'Oh my
God!', 'Congratulations!' 등의 말로 축하해주면 되고요.

다 그쪽 덕분이에요.

바로 듣기

저희 팀엔 외국인 동료가 한 명 있는데, 그 동료가 엄청 고생해서 팀 전체가 좋은 결과를 얻었어요. '다 네 덕분'이라며 동료를 칭찬해주고 싶었지만 '땡큐'라고밖에 해줄 수 없어 너무 속상했네요.

 팝가수들의 앨범 표지에서 누구누구에게 감사하다고 인사하는 표현을 본 적 있어. 그걸 쓰면 되지 않을까? 'Thanks to you.(당신 덕분이에요.)'

 나쁘진 않은데, 좀 가벼운 느낌이에요. 진짜 고마울 때 쓰는 표현이긴 하지만 때론 비꼬는 느낌으로 쓸 때도 있거든요. 좀 더 정중한 표현을 생각해볼까요?

 'appreciate'가 '고마워하다', '환영하다'란 뜻이니까 'I really appreciate.(나는 정말 감사해요.)'

 그것도 좋아요. 근데 '당신 덕분에'라는 의미가 없네요. 다른 사람이 아닌 당신 덕분에 이룰 수 있었다, 당신이 없었다면 불가능했을 거란 의미가 있어야겠죠?

▶▶ 그래서, 타일러가 준비한 표현은?

589

We couldn't have done it without you.

---

* 해석   당신이 없었다면 우리는 할 수 없었을 거예요.

Check!

* we couldn't have done it. - 우리는 그것을 할 수 없었을 것이다
* without you - 당신이 없었다면

타일러 Tip

'we' 대신 'I'를 쓰면 'I couldn't have done it without you.(당신이 없었으면 난 할 수 없었을 거예요.)'가 되는데, 이 표현은 정말 많이 사용돼요. 고마워하는 마음이 충분히 담겼고, 상대가 필수불가결한 존재란 걸 알려주는 말이죠. 그러니 진심을 담아 감사함을 전해야 할 때 꼭 써보세요.
- I couldn't have done it without 철업디. = 철업디가 없었다면 난 할 수 없었을 거예요.

여기서 좀 쉬었다 가요.

바로 듣기

저는 주말마다 부모님과 산책을 해요. 1시간쯤 하고 나면 아버지가 좀 쉬었다 가자고 하시는데, 두 분이 요즘 함께 영어도 공부하시는 중이라 영어 표현을 알려드리고 싶어요.

 '긴장을 늦추다', '뒹굴거리다'는 의미로 'chill out'을 쓰잖아. 'Let's just chill out here.(그냥 여기서 뒹굴거리자.)'

 'chill out'은 소파 위에서 뒹굴거리자는 의미예요. 오늘 상황과는 어울리지 않죠?

 그럼… 'Let's relax here.(여기서 릴랙스하자.)'

 오, 정답에 근접했어요. 'relax' 대신 그거랑 매우 비슷한 의미의 단어를 넣으면 돼요. 평소에도 잘 쓰는 건데… 모르시겠어요?

▶▶ 그래서, 타일러가 준비한 표현은?

309

590

Let's rest a bit.

* **해석**　조금만 쉬자.

Check!

* let's rest - 쉬자, 안정을 취하자
* a bit - 조금, 약간

타일러
Tip

'휴식', '안정'이란 의미의 'rest', 여러분도 알고 계시죠?
'restaurant(레스토랑)'도 바로 이 단어에서 시작됐어요.
앉아서 쉬면서 먹는 곳이라는 뜻이죠.
'rest'는 쉬면서 기운을 충전하는 걸 의미해요. 'Get some
rest.'라고 하면 '좀 쉬고 와.', '가서 잠 좀 자고 와.'란
뜻이에요.
아, 음악에서도 쉼표를 'rest'라고 칭해요. 2분 쉼표는
'half rest', 8분 쉼표는 'eighth rest'라고 하죠. 참고로
알아두세요.

한 입만 줘.

바로 듣기

아들이 라면을 끓이면서 엄마도 먹을 거냐고 묻기에 다이어트 중이라 안 먹는다고 했어요.
근데 아시죠? 냄새를 맡으니 결국 못 참겠어서 한 입만 달라고 해버렸지 뭐예요. 그래도 좀
무안하긴 하니까 다음번엔 영어로 말해볼래요.

'한 입'은 'bite'라고 배웠던 기억이 나네. 'Can I have a bite?(한 입만 해도 되나요?)'

팡파레를 울릴 만큼 아주 좋은 표현이에요. 그런데 지나치게 격식을 차린 표현 같으니 좀 줄여볼까요?

'Please, bite.(제발 한 입만.)'

그건 '나를 물어줘.'란 뜻이에요. 좀비인가요? 아니면 모기?^^

▶▶ 그래서, 타일러가 준비한 표현은?

311

Just one bite.

---

* **해석**　한 입만.

* one bite - 한 입

타일러
Tip

'bite'는 '물다', '물어뜯다'란 동사지만 오늘의 표현에선 명사로 사용됐어요. '한 입'을 'one bite'라 했으니 '두 입'이라면 'two bites'가 되겠죠? 좀 더 간절하게, 진짜 먹고 싶다는 느낌을 전달하고 싶다면 철업디가 한 것처럼 문장 맨 뒤에 'please'를 넣어주면 돼요.

음료수나 커피를 '한 모금만' 달라고 말하고 싶다면 어떻게 해야 할까요? 그럴 땐 '찔끔찔끔 마시다', '한 모금'이란 뜻을 가진 'sip'을 써주세요. 'Just one sip.(한 모금만.)'이라고 하면 되겠죠?

사이좋게 지내렴.

바로 듣기

아들과 딸이 늘 싸워요. 사이좋게 지내라고 아무리 말해도 일곱 살, 네 살인 이 아이들은 귓 등으로도 안 듣네요. 영어로 말하면 좀 듣지 않을까요?

우리나라에선 흔히 '싸우지 말고 사이좋게 지내.'라고 하잖아. 'You should get along well with somebody. (당신은 누군가와 잘 지내야 합니다.)'

'get along well'이 '~와/과 잘 지내다'는 뜻이니 좋은 표현이에요. 근데 이 표현은 명령어와 함께 쓰이지 않아요. 대개 'We get along well.(우린 잘 지내요.)'의 형태로 사용되죠. 그럼 아이들에게 사이좋게 지내라고 당부할 땐 뭐라고 해야 할까요? 쉬운 단어가 있어요.

좋은 하루를 'Have a nice day!'라고 하니까… 'Have a nice time'(좋은 시간 되세요.)'은 어때?

좋긴 한데, 아이들에게 재밌게 놀라는 의미가 없네요.

▶▶ 그래서, 타일러가 준비한 표현은?

313

592

Play nice.

---

* **해석**   잘 놀아요.

Check!

* play - 놀다
* nice - 좋은, 괜찮은

타일러
Tip

한국에서는 '싸우지 마. 사이좋게 놀아야지.'라고 하는데,
영어권에선 이렇게 직설적인 느낌의 말을 잘 안 써요. 'Don't
get in a fight.(싸움 안에 끼지 마. = 싸우지 마.)'라고 하지
않는다는 거죠. 중요한 건 잘 지내야 한다는 거예요. 그래야
싸우지도 않을 테니까요.
오늘의 표현인 'Play nice!'는 나긋나긋한 말투로 미리 살짝
경고를 해주는 느낌이에요. '너희 잘 놀아~'라는 이 말에
싸우지 말라는 의미가 담겨 있는 거죠.
이 표현은 성인에게 쓸 때도 많아요. 술을 마시다 보면 취해서
선을 간당간당 넘어오는 사람이 있을 수 있잖아요? 그럴 때
'Play nice~(잘 지내자~)'라며 살짝 경고해주는 거랍니다.

593

밀당 좀 하지 마세요.

바로 듣기

제 남자친구는 외국인인데, 얘가 자꾸 밀당을 하네요. 그럴 때마다 애가 타고 속상해서 영어로 '밀당 좀 하지 마.'라고 한마디 해주고 싶어요.

 썸 탈 때나 연애 초반에 마음을 밀었다 당겼다 하는 걸 '밀당'이라고 하잖아? 이걸 전화기를 켰다 껐다 하는 거에 비유해볼게. 'Stop doing on and off.(껐다 켰다 하지 마.)'

 좋은 시도였어요. 좀 더 자연스러우려면 'Stop being so on and off.'라고 하는 편이 좋아요. 근데 영어엔, 밀당과는 살짝 다르지만 썸 탈 때나 연애 초반에 억지로 감정을 숨기는 행동을 지칭하는 말이 있어요.

 감정을 숨긴다? 그럼 'hide'를 써서 'Stop hiding your feeling.(감정을 그만 숨겨.)'

 제가 말한 걸 잘 캐치하긴 했는데, 정해져 있는 표현이 있으니 그걸 알려드릴게요.

▶▶ 그래서, 타일러가 준비한 표현은?

315

593

Stop playing hard to get.

＊ 해석　　게임을 어렵게 만드는 놀이는 그만하세요.

Check!

* stop playing - 놀이를 그만하세요
* hard to get - 비싸게 굴다, 애타게 만들다

**타일러
Tip**

'stop playing' 뒤에 놀이 명칭을 붙이면 그 놀이를
그만하라는 뜻이 돼요. 'Stop playing 윷놀이.'라고 하면
'윷놀이를 그만하세요.'인 거죠.
'hard to get'은 술래잡기를 할 때 절대 안 잡혀서 게임을
재미없거나 어렵게 만드는 사람을 뜻해요. 연애할 땐 상대에게
져주기도 하고 감정을 공유해야 하는데, 그 과정을 일부러
어렵게 만들거나 자신에 대해 꽁꽁 숨기는 사람을 'hard to
get'에 비유한 게 오늘의 표현이죠. 영어엔 '밀당'이라는 말이
없기 때문에 이 표현이 가장 비슷할 것 같아요.

316

조금 따끔할 거예요.

바로 듣기

저는 임상병리사인데, 외국계 회사의 직원들이 건강검진을 하러 저희 회사에 종종 와요. 피를 뽑을 때마다 조금 따끔할 거라고 그분들께 알려주고 싶지만 그 말을 못해서 그냥 후다닥 해버리고 마네요. 뭐라고 말해주면 될까요?

 'I didn't mean to startle you.(당신을 놀라게 할 의도는 아니었어요.)'

 'startle'이 '깜짝 놀라게 하다'란 뜻이긴 한데 이 상황엔 안 어울려요. 누군가에게 주사를 놓을 땐 어떻게 말해주는 게 좋을지 생각해보세요.

 'You will be fine.(당신은 괜찮을 거예요.)'

 조금 아플 거란 경고는 해줘야 하지 않을까요?

 'Don't be shock.(놀라지 마세요.)'

 다 좋은 표현들인데, 따끔할 거란 의미가 전혀 없어서 아쉬워요.

▶▶ 그래서, 타일러가 준비한 표현은?

317

594

This might sting a little.

* **해석**　　이건 약간 쏠 거예요.

Check!

* this might ~ - 이건 아마 ~할/일 것이다
* sting - 쏘다, 찌르다, 따끔거리다
* a little - 조금, 약간

타일러 Tip

'sting'은 날카롭게 쏘이는 걸 뜻해요. 바닷가에서 수영하다 해파리에게 쏘이는 것이나, 벌에게 쏘이는 게 'sting'이죠. 주삿바늘도 그런 통증을 주니까, 주사를 놓기 전에 간호사가 오늘의 표현을 말로 해준다면 외국인들도 마음의 준비를 할 수 있을 거예요.^^

- I got stung by a jellyfish. = 난 해파리에 쏘였어.
- I got stung by a bee. = 난 벌에 쏘였어요.

595

재촉 좀 하지 마세요.

제 아내는 성격이 너무 급해요. 저에게 일을 시키고선 1분도 안 돼서 다 했냐고 물어볼 정도로요. 그럴 때마다 제 마음도 불안해져서, 재촉 좀 하지 말라고 한마디 해주고 싶어요.

 'rush'가 '돌진하다', '서두르다'란 뜻이지? 그러니까 'Stop being rush.(서두르지 마세요.)'

 'being rush'는 말하는 사람이 서두르는 느낌의 표현이에요. 상대 때문에 내가 서두르고 있을 때 'Stop making me rush.(나를 서두르게 만들지 마.)'라고 하면 되겠죠. 하지만 오늘의 상황과는 좀 다르지 않나요? '속도'가 아닌 '참견'에 집중해보세요.

 자꾸 재촉하는 게 잔소리처럼 들릴 수 있으니까 'Stop nagging me.(잔소리 좀 그만해.)'

 맞아요! 그 표현과 비슷해요. 딱 그런 감정이니 그걸 좀 풀어보세요.

▶▶ 그래서, 타일러가 준비한 표현은?

Don't get on my case about it.

* **해석**　　그것에 대한 내 상황에 들어오지 마세요.

* get - 가지다, 얻다, 도달하다
* on my case - 나의 사정, 나의 상황

타일러
Tip

나에게 시킨 일, 내가 해야 할 일이라면 '내 사정'인 건데,
아내가 자꾸 빨리 하라고 압력을 넣으면 유쾌하지 않겠죠.
오늘의 표현은 그럴 때 '왜 자꾸 내 일을 건드리는 거냐.',
'어쨌든 이건 내가 해야 할 일인데 네가 왜 신경을 쓰냐.'라는
뉘앙스예요. 너한테는 너의 'case', 나한테는 나의 'case'가
있는 것이니 그 선을 지키자는 의미인 거죠.
재촉을 한다는 건 잔소리를 하는 것과 일맥상통하죠? 그래서
'get on one's case'는 '잔소리를 하다'로 해석될 수 있다는
점도 알아두세요.
- I'm really tired today, so don't get on my case. =
　나 오늘 너무 피곤하니까, 잔소리하지 마.

♬ 곤드레만드레, 나는 취해버렸어.

바로 듣기

요즘 대한민국은 트로트 열풍이니 트로트의 가사를 영어로 바꿔보면 어떨까요? 저는 박현빈의 <곤드레만드레>를 좋아하는데, 이 가사를 영어로 바꿔보고 싶어요.

곤드레만드레 취했다는 건 엄청 거하게 취했다는 의미지. 'I'm very very drunk.(나는 매우 매우 취했어요.)'가 어떨까?

취했다는 뜻의 'drink'를 과거형인 'drunk'로 잘 바꿨네요. 근데 어떻게 보면 '곤드레만드레'는 말장난이기도 하죠? '라임(rhyme)'을 갖잖아요. 재미있는 게, '곤드레만드레'에 해당하는 영어 표현에도 라임이 있어요.

'I'm drunken tiger.(나는 술 취한 호랑이야.)'

재밌게 표현하려고 가수 이름을 붙인 거죠? 물론 미국 사람들은 못 알아들을 테지만요.

▶▶ 그래서, 타일러가 준비한 표현은?

596

I was drunk as a skunk.

* **해석**　나는 몹시 취해버렸어요.

Check!

* I was drunk - 나는 취해버렸다
* skunk - 스컹크

타일러 Tip

오늘의 표현에선 라임을 맞추기 위해 'drunk'와 'skunk'가 함께 어울렸어요. 'I was drunk.'라고만 해도 '나는 취했어요.' 란 뜻이지만, 재밌게 라임을 맞춰주면서 뜻을 더욱 강조한 거랍니다. 영어엔 이렇게 라임을 맞춘 단어들이 좀 있어요. 'silly nilly = 약간 바보 같은 짓', 'Ready betty? = 준비됐니?' 등이 그 예죠.
참고로, <곤드레만드레> 같은 곡의 장르를 일컫는 '트로트'도 사실 'trot'이라는 영어 단어랍니다. 1910년대에 미국에서 유행했던 '폭스트로트(Fox trot)'란 커플댄스에서 나왔다는군요. 재미삼아 참고만 해주세요.^^

난 할 말을 잃었어요.

바로 듣기

남편이 저한테 거짓말했던 걸 들켰어요. 사과도 없이 당당한 모습을 보며 할 말을 잃고 말았죠. 그런데 너무 충격이 컸던 걸까요? 그 상황에서도 영어 표현이 뭘지 궁금해지더라고요.

 너무 어이가 없을 때 진짜 미국식 영어로 어떻게 표현하면 되는지 진미영에서 배웠던 적이 있잖아. 'Wow.'

 복습을 잘하시네요. 그렇게 써도 돼요. 근데 다르게 한번 표현해볼까요?

 할 말을 잃었다는 건 말이 안 나온다는 의미니까 'I'm speechless.(나는 말문이 막혀요.)'

 굉장히 좋아요. 감사한 일이 생기거나 칭찬을 받았을 때, 너무 기쁘고 감동해서 쓰는 표현이긴 하지만요.

 그럼 그대로 직역해볼게. 'I lost my words.(나는 내 말을 잃었어요.)'

 '잃었다'는 뜻의 'lost'를 쓴 게 참 좋네요. 정답에 아주 기끼워졌어요.

▶▶ 그래서, 타일러가 준비한 표현은?

323

597

I was at a loss for words.

* **해석**   나는 말을 어떻게 해야 할지 모르겠어요.

Check!

* at a loss - 어쩔 줄 모르는, 무엇을 해야 할지 모르는
* word - 단어

타일러 Tip

'나는 지금 할 말을 잃었어.'라고 현재형으로 말하고 싶을 땐 위
문장에 있는 'I was'를 'I'm'으로 바꾸면 돼요. 'I'm at a loss
for words.'라고요. 간단하죠?
근데 오늘의 표현을 문법적으로 이해하는 건 쉽지 않을
거예요. 옛날식 표현 구조거든요. 직역하면 '나는 단어의
없어짐까지 가 있었다.' 정도라 할 수 있겠지만 아무래도
어색하죠. 이 표현은 지금도 숙어처럼 많이 사용되고 있으니
아예 문장 자체를 외워두면 더 좋을 거예요.

324

넌 타고났구나.

바로 듣기

제 친구는 요리를 정말 잘해요. 레시피만 보고 뚝딱뚝딱 만들어내는데 음식도 진짜 맛있어요. 요리 재능을 타고난 친구에게 영어로 칭찬 좀 해주고 싶은데 도와주세요.

 재능이 있고, 잘하는 사람에게 타고난 것 같다고 말하잖아. 'You're very talented.(넌 엄청 재능이 있어.)'

 아주 좋은 접근이네요. 다른 쪽으로도 한번 생각해보세요.

 'You're a natural born.(넌 태어난 타고남이야.)'

 뭔가 좀 어색하죠? 한 단어만 빼면 완벽한데!

▶▶ 그래서, 타일러가 준비한 표현은?

325

598

You're a natural.

* **해석**　　당신은 타고났어요.

Check!

* natural - 자연의, 천연의, 타고난

타일러 Tip

노래를 정말 잘하는 사람이 있다면 'You're a natural born singer.(당신은 타고난 가수입니다.)'라고 해야 할 것 같은데, 오늘의 표현처럼 뒷부분 없이 그냥 'You're a natural.'라고 한다는 게 좀 이상하죠? 이유나 유래는 저도 잘 모르겠지만 앞서 배웠던 표현처럼 이것도 생활에서 자주 쓰이는 표현이니 문장 자체를 외워두는 편이 좋겠네요.

- He doesn't even need training, he's a natural. = 걘 훈련도 필요 없어요. 타고난 애예요.
- Look at you! You're a natural! = 너 좀 봐! 넌 타고났어!

326

속이 더부룩하니?

구내식당에서 함께 밥을 먹던 외국인 동료가 먹는 둥 마는 둥 하더군요. 속이 더부룩하냐고 묻고 싶었는데 'Are you Ok?'라고만 했어요. 더부룩하다는 느낌의 영어 표현이 있을까요?

 속이 더부룩하면 흔히 배에 가스가 찼다고 하잖아. 'I feel gassy.(나는 가스 찬 느낌이야.)'

 그렇게 말하기도 해요. 근데 오늘의 상황에선 상대에게 물어야 하는 거 아닌가요? 내가 더부룩한 게 아니니까요.

 아! '더부룩하다'란 단어가 생각났어. 'bloated'! 이걸 써볼게. 'Do you feel bloated?(너 더부룩함을 느끼니?)'

 아주 좋아요. 다만 시제는 좀 바꿔야겠네요. 지금 더부룩하냐고 물어야 하니까요.

▶▶ 그래서, 타일러가 준비한 표현은?

327

599

Are you feeling bloated?

* **해석** 당신은 더부룩함을 느끼고 있나요?

Check!

* are you feeling ~ - 당신은 ~을/를 느끼고 있나요?
* bloated - 더부룩한, 부은

타일러
Tip

'bloated'는 '부어서 불편한 상태'를 뜻해요. 철업디가 말했듯 더부룩한 건 가스가 찬 거고, 가스가 차면 배가 터질 것처럼 붓잖아요. 내가 그런 상태에 있을 땐 'I feel so bloated.(내가 너무 빵빵한 느낌이에요.)'라 하면 돼요. 술 먹은 이튿날, 또는 성형시술 후 얼굴이 퉁퉁 부어 있을 때에도 쓸 수 있는 말이죠. 오늘의 표현이 'Do you ~'가 아닌 'Are you ~'로 시작한 건, 나는 이미 상대가 더부룩해한다는 걸 알고 있기 때문이에요. 미묘한 차이가 있으니 알아두세요.

328

요리 실력 발휘 좀 해볼게!

바로 듣기

전 요리하는 걸 좋아해서 친구들한테 종종 요리를 해줘요. 최근엔 외국인 친구를 초대해서 음식을 대접할 일이 생겼는데, 영어로 '요리 실력 발휘 좀 해볼게!'라고 멋지게 말하고 싶어요.

 실력이라는 건 능력이기도 한 거니 'ability'를 쓰면 되지 않을까? 'I'll show my cook ability!(내 요리 능력을 보여줄게!)'

 음… 그렇게 접근하고 싶다면 'ability'보다 적합한 단어가 있어요. 취업 활동할 때 많이 쓰는 단어인데, s로 시작해요. 생각해보세요.

 s…? 'spec(스펙)'? 'special(스페셜)'? s로 시작하는 단어로 뭐가 있지?

 그거 있잖아요, 'skill'! 사실 제가 준비한 표현에 이 단어가 들어가진 않아요. 하지만 아까 'I'll show ~'로 문장을 만드신 게 아주 좋은 접근이었어요!

▶▶ 그래서, 타일러가 준비한 표현은?

I'll show you what real cooking is!

* **해석** 진정한 요리가 뭔지 보여줄게!

* I'll show you - 당신에게 보여주겠다
* real cooking - 진정한 요리

타일러
Tip

오늘의 표현은 실제로 자랑할 때 정말 많이 써요. 'I'll show you what real _____ is.' 형태를 기억해두셨다가 상황별로 다양하게 써보세요.

- I'll show you what real tennis is. = 내가 진짜 테니스 실력을 보여줄게.
- I'll show you what a real friend is. = 내가 얼마나 좋은 친구인지 보여줄게.
- I'll show you what real English is. = 진짜 영어가 뭔지 내가 보여줄게.

330

- 우린 비긴 거예요.

- 네 이에 뭐가 끼었어.

- 저, 아이 생겼어요.

- 다 그쪽 덕분이에요.

- 여기서 좀 쉬었다 가요.

- 한 입만 줘.

- 사이좋게 지내렴.

- 밀당 좀 하지 마세요.

- 조금 따끔할 거예요.

- 재촉 좀 하지 마세요.

- ♬ 곤드레만드레, 나는 취해버렸어.

- 난 할 말을 잃었어요.

- 넌 타고났구나.

- 속이 더부룩하니?

- 요리 실력 발휘 좀 해볼게!

- It was a tie.

- You have something… (in your teeth.)

- I'm pregnant.

- We couldn't have done it without you.

- Let's rest a bit.

- Just one bite.

- Play nice.

- Stop playing hard to get.

- This might sting a little.

- Don't get on my case about it.

- I was drunk as a skunk.

- I was at a loss for words.

- You're a natural.

- Are you feeling bloated?

- I'll show you what real cooking is!

하루 5분 국민 영어과외
김영철·타일러의 진짜 미국식 영어 4

초판 1쇄 인쇄 2024년 6월 19일 **초판 1쇄 발행** 2024년 7월 3일

지은이 김영철, 타일러 **자료정리** 김수연
펴낸이 최순영

출판2 본부장 박태근
W&G 팀장 류혜정
디자인·일러스트 this-cover.com

펴낸곳 ㈜위즈덤하우스 **출판등록** 2000년 5월 23일 제13-1071호
주소 서울특별시 마포구 양화로 19 합정오피스빌딩 17층
전화 02) 2179-5600 **홈페이지** www.wisdomhouse.co.kr

ISBN 979-11-7171-217-5 13740

* 이 책의 전부 또는 일부 내용을 재사용하려면 반드시 사전에 저작권자와
  ㈜위즈덤하우스의 동의를 받아야 합니다.
* 인쇄·제작 및 유통상의 파본 도서는 구입하신 서점에서 바꿔드립니다.
* 책값은 뒤표지에 있습니다.